Jeunesse d'Iran

Je remercie Dominique Foch, et les Prêts d'honneur de la Fondation de France, qui m'ont permis de commencer ma recherche sur la jeunesse iranienne.
L'équipe de France Info, et plus particulièrement Marc Crépin et le service étranger, pour le soutien et la confiance qu'ils m'ont toujours accordés. Je remercie particulièrement Farhad Khosrokhavar, directeur d'études à l'École des hautes études en sciences sociales, pour ses nombreux conseils, ainsi que Fariba Adelkhah, chargée de recherche au Centre d'études et de relations internationales, pour ses multiples encouragements.
J'adresse tous mes remerciements au Ministère iranien de la Culture et de l'Orientation islamique, particulièrement Monsieur Mohammad Hossein Khochbakht et toute son équipe, pour les autorisations qu'ils m'ont accordées.

Tous mes remerciements au docteur Shokou Navabinejad pour les différents entretiens que nous avons pu avoir à Téhéran sur la jeunesse iranienne.
Je manifeste toute ma gratitude à Davoud Dekhan, mon précieux traducteur à Téhéran, pour sa collaboration et ses bons conseils.
Merci à tous les auteurs et les photographes du livre, pour leur indispensable contribution, ainsi qu'à mes amis d'Iran, sans qui ce projet n'aurait pu voir le jour :
Abbas, Amir, Ali, Ali Reza, Ardavan, Bahman, Bita, Chaghâyer, Djamchid, Elhâm, Eshan, Fariba, Farid, Farzaneh, Ghassem, Granaz, Hamed, Hassan, Isabelle, Kâveh, Khosrow, Madjid, Mariam, Masserat, Massoud, Maziar, Mehdi, Mohammad, Mona, Nader, Nasser, Niyouchah, Nouchine, Omid, Pegah, Peyman, Reza, Samira, Sahar, Shadafarin, Shahine, Roxana, Taba, Tarâneh, Vahid, Zoreh...
Enfin, un remerciement tout particulier à Martine et Homayoun Minoui, pour leur patience et leur soutien permanent.

Le suivi rédactionnel de cet ouvrage a été assuré par Cécile Mazzacurati.

Tél. : 01.40.26.06.06. Fax : 01.40.26.00.26. E-mail : autrement@filnet.fr
ISBN : 2-7467-0103-0. ISSN : 0336-5816.
Dépôt légal : 2e trimestre 2001. Imprimé en France.

Jeunesse d'Iran

Les voix du changement

Dirigé par Delphine Minoui

Éditions Autrement - collection Monde HS nº 126

Sommaire

L'Iran

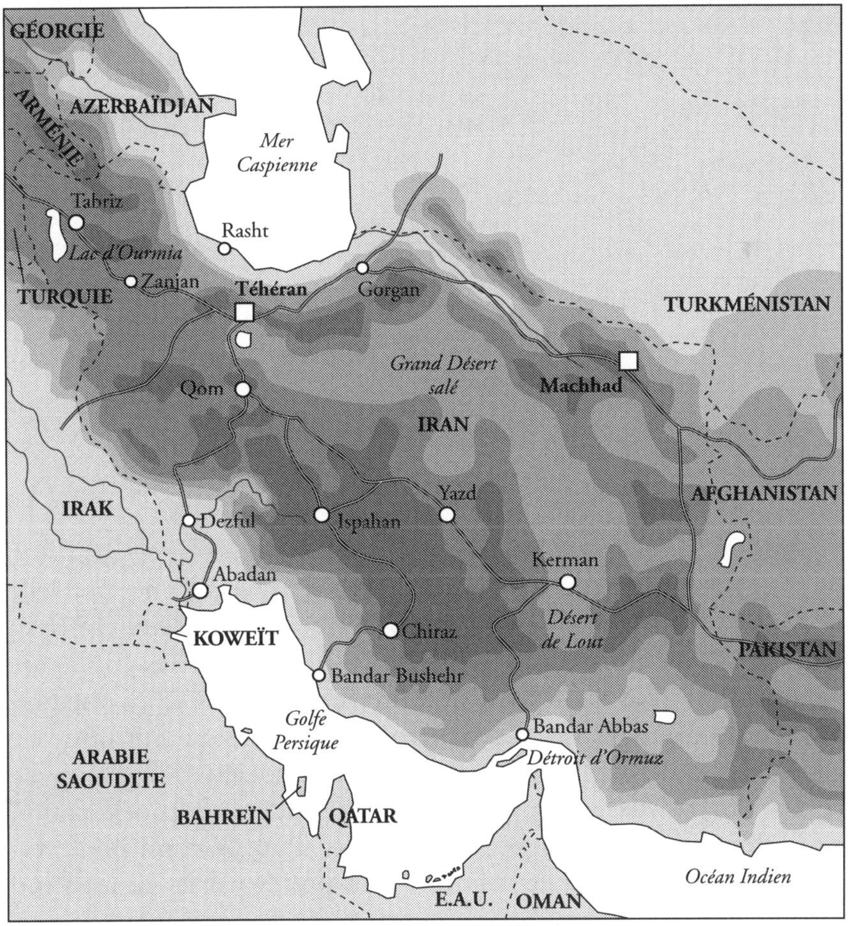

Superficie : 1 648 000 km².
Population (estimation, 1996) : 68,7 millions d'habitants (population urbaine : 57 %).
Capitale : Téhéran (agglomération : 6,5 millions d'habitation).
Religions : musulmans chiites (95 %), musulmans sunnites (4 %), autres (1 %).
Statut : République islamique depuis 1979.
Langue officielle : farsi (persan).
Répartition ethniqe de la population :
- *Groupe iranien : Persans 50 %, Kurdes 8 %, Baloutches 2 %.*
- *Groupe turc : Azéris 10 %, Arabes 2 %, Arméniens.*

Introduction

Farhad Khosrokhavar

L'Iran contemporain traverse une nouvelle révolution, qui peut être brutalement résumée en deux chiffres : plus de 60 millions d'habitants, 60 % de jeunes. Les moins de vingt ans en Iran sont aussi nombreux que l'était la population totale du pays à la fin des années 1970 : plus qu'une nouvelle génération qui voit le jour, c'est toute une société qui change de corps. Vingt-deux ans après la chute du chah et la proclamation de la République islamique, les ferments d'un profond bouleversement culturel, social et politique sont portés par la jeunesse iranienne, avec une formidable aspiration au changement et le rêve d'une société libérée de ses carcans religieux.

Cette jeunesse est alphabétisée à plus de 80 % et, en dépit des disparités régionales qui persistent, beaucoup plus homogène qu'avant la révolution : tout le monde parle désormais la langue officielle, le persan. Les étudiants sont presque un demi-million, deux fois plus qu'il y a vingt ans, et on compte un tiers de femmes sur les bancs de l'université.

Vingt-deux ans de République islamique ont bouleversé le visage de l'Iran. Le pays s'est rapidement urbanisé ; les zones rurales ont été intégrées au reste du pays grâce à la modernisation des infrastructures de transport et de télécommunication. Mais la société est aussi plus inégalitaire qu'avant la révolution, alors que les disparités étaient déjà criantes. L'économie est paralysée par la spéculation.

La révolution islamique a accouché d'une génération en rupture avec l'idéologie de l'État. Ressentiment et frustration sont les deux maux d'une société lassée de la répression puritaine des milices et des agents de l'ordre. Les idéaux révolutionnaires ont vite vieilli, jusqu'à sembler désuets aujourd'hui : la jeunesse révolutionnaire des années 1980 appelait à la lutte contre les oppresseurs, prônait l'expansion de la révolution hors des frontières et diabolisait l'Occident, tenu pour responsable de tous les maux du monde moderne. Les enfants de la révolution, eux, sont indifférents à ces slogans. Ils rêvent aujourd'hui de cet Occident dont ils n'ont jamais été totalement coupés. Quelque trois millions de personnes ont quitté le pays au moment de la révolution, mais les relations entre les Iraniens de l'intérieur et la diaspora installée aux États-Unis, au Canada, en Europe et en Turquie n'ont jamais été interrompues. Chaque Iranien des classes moyennes, et même des classes moyennes inférieures, a un cousin, une tante ou un ami à l'étranger. Grâce à leurs fréquents voyages, grâce à la généralisation des technologies modernes, l'Iran n'a pas été enclavé et soustrait à l'influence du monde extérieur comme le souhaitait le Hezbollah*.

Les jeunes se tournent donc vers un Occident, aussi fantasmé que réel, dont le modèle, pensent-ils, leur apportera l'abondance des biens, l'hédonisme, et aussi la liberté d'expression et le respect de l'autonomie individuelle. Cette jeunesse impatiente constitue la majorité de la société civile et demande l'accélération des réformes, l'abandon de la politique répressive des vingt dernières années, ainsi que l'ouverture du pays.

La société iranienne, menée par la jeune génération, a manifesté par trois fois son désir de réforme et d'ouverture : lors de l'élection présidentielle de 1997, des municipales de 1999 et des parlementaires de 2000. Mais elle se heurte aux résistances des structures du régime, notamment à celles du Guide de la révolution* et des principaux acteurs économiques, qui contrôlent les pouvoirs législatif, exécutif et judiciaire.

Le conflit au sein de l'État

Le Guide de la révolution, l'ayatollah* Khamenei depuis la mort de Khomeyni en 1989, est à la tête de la plus haute instance religieuse du système. Avec le Conseil des gardiens*, qui veille à ce que les lois respectent l'islam, et le Conseil du discernement des intérêts supérieurs*, chargé de trancher en cas de litige entre le Parlement et le Conseil des gardiens, il forme une troïka, triangle institutionnel pouvant freiner, voire bloquer, à peu près toutes les réformes. Le Guide de la révolution est également doté de pouvoirs immenses, allant du contrôle de l'armée et de la police à la direction des fondations révolutionnaires.

Nées au lendemain de la révolution, ces fondations contrôlent une grande partie de l'appareil de production et de distribution, jusqu'à constituer un véritable État dans l'État avec le Groupe des (fidèles) unis *(Hey'at e Mo'taléféh)*, qui réunit les grands commerçants du bazar et dirige plus du tiers des flux financiers en Iran. Ces groupes économiques se méfient d'un pouvoir démocratique qui attaquerait leurs privilèges et s'entendent pour défendre avec ardeur le système politique légué par la révolution. Ces forces sont aujourd'hui numériquement très minoritaires, mais leur capacité de nuisance et leur aptitude à bloquer les réformes sont considérables.

Pourtant, la lutte opposant les réformistes aux conservateurs n'est pas simplement celle de la société contre l'État : les acteurs du système politique se divisent, autour des mêmes enjeux, entre les tenants de la fermeture politique et les partisans de la réforme - incarnés par le président Khâtami -, qui ont remporté haut la main les élections parlementaires de février 2000.

Cette ligne de rupture au sein même des milieux politico-religieux date des premières années de la République islamique, qui ont vu le régime se diviser autour de deux interprétations divergentes de l'islam et de la révolution. Le conflit s'est poursuivi avec l'élection du premier président de la République, Bani Sadr, qui dut entrer dans la clandestinité puis choisir l'exil en 1981. À l'issue de cet épisode, les tendances les plus autoritaires semblaient avoir gagné la partie.

Mais l'élection de Khâtami à la présidence en 1997 a ravivé des tensions. Pour enrayer les efforts d'ouverture du président, les partisans du *statu quo* n'hésitent pas à recourir aux assassinats d'intellectuels, au musellement de la presse, à l'intimidation ou à l'emprisonnement des personnalités réformistes.

La légitimité populaire appartient donc aux réformateurs, tandis que la puissance financière, politico-judiciaire et répressive demeure aux mains des conservateurs.

Patience active et imagination de la société

La démocratisation suit un chemin accidenté, mettant durement à l'épreuve la patience des jeunes générations. Dans l'attente de bouleversements politiques décisifs, la société a investi l'art et la culture. Le cinéma s'insurge contre les normes restrictives qui étouffent la société, mais il lui faut encore éviter les thèmes qui risquent d'attirer les foudres des religieux. Le théâtre raffole des pièces étrangères, le roman cherche son inspiration dans une vie quotidienne libérée du religieux, une philosophie et une théologie nouvelles s'attaquent aux fondements théoriques de la théocratie islamique. La sécularisation prend ainsi deux formes complémentaires : celle d'une culture où la religion est marginalisée et celle d'une religion se détachant du politique.

Trois groupes se mobilisent aujourd'hui pour transformer la société : les intellectuels, les femmes des classes urbaines et les jeunes. Chacun de ces groupes agit de façon autonome, mais leurs actions convergent vers le désir d'un ordre social plus ouvert, dégagé du religieux, intéressé à l'insertion de l'Iran dans le monde moderne plus qu'à la célébration de ses particularités, bref vers la démocratie. C'est bien la société qui est à l'origine de la remise en cause de l'islam politique : la crise au sein de l'État ne fait que refléter le dynamisme d'une société qui n'entend pas se soumettre à ceux qui ont accaparé le pouvoir au nom d'une légitimité révolutionnaire discréditée.

Parmi les intellectuels, certains prônent une modernité laïque. Mais le principal mouvement de contestation vient des intellectuels musulmans, qui entendent séparer le religieux du politique au nom même de l'islam. Trois générations se côtoient au sein de cette tendance : celle des grands-pères comme l'ayatollah Montazeri, en résidence surveillée à Qom depuis plus de dix ans, celle des pères comme Mojtahed Shabestari, Abdolkarim Soroush, Abdol Ali Bazargan, et celle des grands frères, qui ont entre trente et cinquante ans, dont Kadivar, Eshkevari, Gandji, Saïd-Zadeh et Abdollah Nouri sont les plus engagés. Ces intellectuels créent une vraie inquiétude dans les rangs du Hezbollah, qui ne peut les dénoncer comme « suppôts de l'Occident » en raison de leur attachement proclamé envers la religion. Ils rompent avec l'islam révolutionnaire de Shariati et de Khomeyni. Ils défendent l'autonomie de la société par rapport au sacré. Ils parlent de société civile, de tolérance, de dialogue des civilisations, de système politique ouvert. Leurs interventions brisent le monopole des conservateurs sur le champ religieux, qui se trouvent ainsi placés en position délicate et menacés d'obsolescence.

Autre composante fondamentale de la nouvelle société, le mouvement des femmes est fondé sur le refus du patriarcat et sur la revendication de l'égalité des sexes. Celles qui ont vécu la révolution ont fait l'amère expérience de voir leur statut juridique régresser par rapport au temps du chah : la révolution a institutionnalisé la disparité entre hommes et femmes pour des droits aussi fondamentaux que le divorce, la garde des enfants, l'héritage, le témoignage en justice. Mais, alors que sous le chah les femmes étaient en grande majorité analphabètes dans les zones rurales, aujourd'hui les filles vont à l'école comme leurs frères, la fécondité des femmes a diminué de moitié (7 enfants par femme en 1976, 3,5 en 1993) et leur âge moyen au mariage est passé de dix-huit à vingt et un ans. Dans le champ du culturel, jamais la nouvelle génération féminine n'a été aussi proche des hommes. Ces évolutions paradoxales ont conduit de nombreuses femmes à une prise de conscience aiguë des injustices dont elles sont victimes. Elles ont alors créé des médias féminins, féministes parfois, afin d'éveiller l'opinion publique à leur cause.

Quant aux étudiants et aux jeunes en général, nous le verrons tout au long de cet ouvrage, ils sont les forces vives des aspirations aux réformes. Encore plus que le reste de la société, ils ressentent une scission profonde entre leur vie personnelle, tournée vers la modernité, et les simulacres moralistes qu'on tente encore de leur imposer dans l'espace public. Alors ils s'organisent, investissent massivement l'art et la presse, déploient des trésors d'imagination pour inventer des espaces où se retrouver, s'exprimer, rire et rêver. Parfois, nous le verrons aussi, cette fracture n'est pas sans risques, et alors leur révolte se retourne contre eux-mêmes : explosion de la consommation de drogue, taux élevé de suicides...

Reste que la plus grande partie de la nouvelle génération n'a pas versé dans le désespoir et le cynisme. Elle croit, espère et agit en vue d'un changement social et politique. Elle a tiré les leçons des rêves brisés et du prix terrible payé par les générations précédentes à la révolution et à la guerre. La violence politique n'exerce aucune attirance sur elle. Elle demande la réforme dans le cadre des lois.

C'est toute la puissance du mouvement démocratique iranien que d'être ainsi porté par une nouvelle société civile en gestation, en premier lieu par sa jeunesse. Il s'agit d'une vraie vague de fond, et non de l'action de quelques apparatchiks éclairés. C'est ce qui fait sa force et, même si un désastre demeure possible, permettra peut-être sa réussite.

Farhad Khosrokhavar

1. *Clameurs intérieures*

Journal intime

Abolfazl Ebrahimi

Hier, j'ai fêté mes vingt ans, avec ce doux sentiment que l'avenir m'appartenait. Je me suis offert un cadeau : un cahier blanc aux contours argentés. Pour la première fois dans l'histoire de l'Iran, on fiche la paix aux journalistes. C'est le moment d'écrire.

1997 : les plumes ont la parole. - Devant le kiosque à journaux, au pied de mon immeuble, les gens font la queue pour lire les gros titres d'un nouveau quotidien, *Djâméé* (Société). Ça parle de culture, d'économie, mais surtout de politique. On dit que c'est le premier quotidien indépendant depuis la révolution. On peut y lire que le président Khâtami veut libéraliser la société iranienne et que le nouveau ministre de la Culture est de son côté. Il s'appelle Ataollah Mohadjerani. Rien à voir avec son prédécesseur, un certain Mir Salim, barbu qui insultait les défenseurs de la liberté d'expression. Dans les rayons des librairies, on trouve enfin des livres qui ne vont pas tous dans le sens du poil de la République islamique. Mon grand plaisir, c'est de lire *Irân-é djavân* (L'Iran des jeunes), un nouveau magazine qui traite des problèmes de la jeunesse. Il était temps que quelqu'un s'en occupe. Mes pages préférées, ce sont celles du courrier des lecteurs : une vraie mine d'informations sur les revendications des Iraniens de mon âge. Leila, une lycéenne de dix-sept ans, se demande par exemple si c'est un péché d'avoir regardé son voisin dans les yeux. Marjane, une étudiante de vingt et un ans, ne comprend pas pourquoi les filles ne sont pas autorisées à faire du vélo en ville. Reza aimerait avoir une petite copine, mais ses parents lui interdisent de fréquenter les filles car il faut attendre le mariage : que doit-il faire ?

Les articles aussi sont pleins de questions. Peut-on envisager une plus grande séparation de la politique et de la religion ? Pourquoi les femmes sont-elles limitées dans leurs droits ? À quand la création de partis politiques ? Tous ces textes sont rédigés par des intellectuels, qui redécouvrent le plaisir d'écrire sans se cacher. En vérité, tout le monde s'interroge en Iran. Tout le monde, même les personnages les plus importants de la révolution islamique. Ils sont nombreux, comme Moussavi Khoenïa, l'ancien délégué de l'imam* Khomeyni, à avoir troqué leur passion révolutionnaire contre un désir de réformes. Aujourd'hui, cet ancien procureur de la révolution, celui qui a fait tomber l'ancien président Bani Sadr en 1981, signe des papiers dans la presse prokhâtamiste. Les temps changent et les plumes se libèrent. Pour une fois, les jeunes ne sont pas laissés de côté. Ils ont fait leur entrée dans les rédactions des nouveaux journaux. Leur style donne un ton plus frais à cette presse qui n'a désormais plus peur des coups de ciseaux.

1998 : le retour de la censure. - À force d'écrire, nous avions fini par oublier les menaces. Elles nous ont rattrapés sans prévenir. En un mois, nous avons appris l'assassinat en série des plus grandes figures intellectuelles de l'Iran : le couple de militants laïcs Dariouch et Parvaneh Forouhar, les écrivains Madjid Charif, Mohammad Mokhtari et Mohammad Pouyandeh. Tout d'un coup, le livre de la liberté s'est refermé. Quelques semaines plus tard, on nous a annoncé que le ministère des Renseignements, soutenu par les conservateurs, était directement impliqué dans cette affaire. Ces intellectuels, tués pour avoir osé chanter la liberté d'expression, ne faisaient pas partie de notre génération. Ils sont soudain devenus nos modèles. Quelques mois auparavant, la justice avait suspendu *Djâméé*. Mais déjà le nouveau quotidien *Tous* avait repris le flambeau. Ensuite la valse des fermetures de journaux allait donner naissance à plein de nouveaux petits frères : *Neshât* (Bonheur),

Khordâd[1], *Faht* (La Conquête), *Sob-é emrouz* (Le Matin), *Asré azâdégân* (Le Temps des libéraux), *Hambastegui* (La Solidarité), etc.

Dans les enceintes des universités, c'est à présent la presse estudiantine qui prend son envol. Le terrain était quasi vierge. Il suffisait de l'investir, en rassemblant quelques bonnes volontés, une petite dose d'audace et deux ou trois responsables universitaires prêts à nous soutenir. En l'espace de deux ans, plus de cinq cents journaux étudiants ont vu le jour à travers le pays. Nous avons gagné notre pari.

1999 : la liberté sous contrôle. - Tout a commencé dans l'enceinte d'un dortoir. Nous étions quelques étudiants rassemblés sur le campus d'Amirabad, à Téhéran, pour protester contre la fermeture du quotidien réformateur *Salâm* (Bonjour). Il avait publié un document top secret révélant un projet de durcissement de la loi sur la presse. Très vite nous sommes descendus dans la rue. Jamais je n'avais ressenti une telle volonté d'exploser. Nous avions la rage. À côté de moi, dans la rue, une fille insultait le Guide religieux, acte passible de la peine capitale. Mais qu'importe. Il n'y avait plus rien qui comptait. Nous tenions tête aux forces de l'ordre, nous jetions des pierres à la figure des miliciens islamistes. Cela a duré cinq jours. La plus grande explosion sociale depuis la révolution islamique. Nous qui avons grandi avec l'odeur amère de la guerre contre l'Irak, nous qui avons toujours prôné le refus de la violence, nous étions tout d'un coup pris dans un tourbillon de folie. On venait en fait de nous retirer notre seule arme : la presse. C'est-à-dire tout. Car en Iran les partis politiques sont interdits.

Malgré un bilan sinistre (trois morts officiels, plusieurs blessés et de nombreux disparus), nous n'avons pas baissé les bras. Dans notre pays, on emprisonne un caricaturiste pour avoir représenté un mollah* sous forme de crocodile. Mais, quand on a goûté au plaisir d'écrire librement, on préfère se sentir menacé que de se taire.

Nos journaux n'ont d'ailleurs jamais été aussi actifs que

1. Mohammad Khâtami a été élu président le 2 khordâd, 23 mai du calendrier persan.

pendant les émeutes étudiantes. Chaque jour, des dizaines de jeunes reporters couraient d'un amphithéâtre à l'autre, tandis que les photographes respiraient stoïquement les gaz lacrymogènes. Les quotidiens ont publié des pages entières de photos de l'événement. Quelques mois plus tard, le tribunal de la presse condamnait sévèrement ces journaux : propagande anti-islamique, offense aux valeurs religieuses, incitation à la rébellion et à la grève... La liste des accusations est longue. « Nulle part dans la Constitution il n'est dit qu'on ne peut donner son opinion. Nous donnons avant tout des informations. C'est notre devoir d'informer les gens » : l'ancien directeur du journal *Khordâd* n'a pas mâché ses mots dans son plaidoyer face à la justice. Abdollah Nouri, ancien ministre de l'Intérieur et bras droit du président réformateur, a finalement été condamné à la prison, comme de nombreux autres journalistes. Chaque nouveau rassemblement d'étudiants est pour nous l'occasion de brandir leurs photos. Dans mon cahier blanc aux contours argentés, j'ai collé les couvertures de tous les quotidiens fermés.

2000 : la valse des journaux. - À ce rythme-là, les pages de mon cahier seront bientôt toutes remplies. En l'espace de huit mois, une trentaine de journaux ont été interdits, dont mon magazine préféré, *Irân-é djavân.* Pourtant, en avril, le Parlement iranien a basculé pour la première fois du côté des réformateurs. On nous a promis un assouplissement des lois sur la presse, la reconnaissance de l'existence des associations, la libéralisation des antennes paraboliques. Et puis, d'un coup, sous la pression des conservateurs, on referme les portes. La plupart de nos grands rédacteurs en chef sont aujourd'hui derrière les barreaux. C'est à nous de prendre le relais. Mais comment ? En lançant d'autres journaux ? Ils disparaîtront aussi vite qu'ils sont apparus. En organisant des manifestations ? Elles seront vite étouffées par l'intervention des milices islamiques. La solution, nous l'avons trouvée en créant des groupes de réflexion informels, dans lesquels nous expérimentons le débat démocratique. Peut-être que cela débouchera un jour sur un magazine. En attendant, nous sommes nombreux à collaborer à la première agence de presse étudiante du monde : l'ISNA (Iranian Students News Agency). C'est une vraie ruche de jeunes reporters qui parcourent l'Iran pour couvrir l'actualité du pays. Le bureau se trouve à Téhéran, juste derrière l'université où les émeutes ont éclaté l'année dernière. Un vrai symbole.

2001 : le triomphe des mots. - Il y a quelques mois, j'ai répondu à un petit tract qu'on avait glissé dans ma boîte aux lettres. Ça s'appelait le projet de « dialogue des jeunes ». À partir d'une liste d'une vingtaine de sujets, on nous suggérait d'écrire un texte sur des thèmes comme « la jeunesse et les interdits », « les attentes de la jeunesse par rapport à la religion » ou encore « les jeunes Iraniens et leur rapport aux valeurs occidentales ». Le projet venait de l'Organisation nationale de la jeunesse, instance reliée à la présidence de la République. C'était bien la première fois qu'une autorité étatique proposait de nous écouter. Il paraît qu'ils ont envoyé plus de cinq millions de tracts à travers le pays. J'ai donc ouvert mon cahier blanc, ce journal intime que je tiens depuis quatre ans maintenant. J'ai choisi un texte que j'avais écrit sur les relations entre filles et garçons. Je l'ai recopié et je l'ai expédié à l'adresse indiquée. Depuis, j'ai été invité à deux conférences pour parler de ce sujet avec d'autres jeunes. J'ai entendu dire que le Guide religieux en personne, Ali Khamenei, est favorable à ce genre de discussion et qu'il serait même à l'origine de ce projet. Je referme mon cahier en souriant. Un jour, nous aurons le dernier mot.

Abolfazl Ebrahimi

Sous les drapeaux, dix-huit mois entre parenthèses

Eshan Javid

Mais aujourd'hui j'ai envie de pleurer en voyant le visage de ma mère qui fixe amèrement la vitre de mon taxi comme si je partais à l'abattoir. Je comprends pourquoi elle a tout fait pour réunir l'argent nécessaire afin que je ne parte pas faire mon service.

Le départ. - Aujourd'hui, le ciel de Sâveh[1] a une autre couleur. Ou peut-être est-ce moi, tout simplement, qui le regarde autrement. Je monte dans un taxi *darbast*[2], direction Téhéran. Pour la première fois depuis dix ans, ma mère s'est habillée en noir ce matin. Elle me regarde partir comme si je n'allais jamais revenir. Juste avant que je ferme ma valise, elle y a glissé discrètement une photo de mon frère. Reza avait mon âge, vingt ans, quand il est mort à la guerre. C'était en 1989, quelques mois avant l'annonce du cessez-le-feu avec l'Irak. Je m'en souviens comme si c'était hier. Nous avions dressé un petit *hedjlé* parsemé de miroirs et de paillettes devant la porte de la maison. Sur le petit monument funéraire, il y avait cette même photo. Reza était beau. Il souriait tout le temps. Il aurait dû devenir médecin et avait prévu de se marier à son retour. Aujourd'hui, il ne reste de lui qu'une gigantesque fresque dressée à son effigie à l'entrée de la ville. En dessous, on peut lire : « Dieu protège nos martyrs. » Les martyrs *(shahids)*, ce sont ces milliers de jeunes volontaires morts pour l'Iran. La République islamique les a incités à partir se battre contre l'Irak

1. Sâveh est une ville située à une centaine de kilomètres de Téhéran.
2. *Darbast* signifie littéralement « porte fermée ». Ce sont des taxis qui conduisent les passagers directement d'une ville à l'autre, sans s'arrêter pour prendre d'autres voyageurs.

pour l'honneur de la patrie. Partir à la guerre, c'était se dévouer corps et âme pour l'islam. C'était accepter de mourir pour la gloire. Il fallait y aller sans se poser de questions, avec cet unique sentiment de se livrer à Dieu, d'atteindre la pureté. C'était un sentiment collectif. En général, les jeunes partaient à la guerre à plusieurs. Il y avait des autobus qui attendaient à la sortie des lycées pour embarquer les volontaires.

Aujourd'hui, les *shahids* sont devenus de véritables héros, et les mollahs* qui dirigent notre pays font tout pour qu'on ne les oublie pas. Il suffit d'allumer le petit écran pour s'en rendre compte. Entre deux émissions télévisées, nous sommes assommés de clips vidéo à la gloire des jeunes partis se battre au front. Sur fond de musique mélo, le scénario est pratiquement toujours le même. On voit un jeune homme s'engager fièrement, sous le regard inquiet de sa mère ou de sa femme. Pour accentuer l'émotion, les plans sont tournés au ralenti. Et je ne parle pas des multitudes de programmes qu'on nous passe régulièrement en boucle sur les souvenirs de guerre, avec à l'appui des images du conflit Iran-Irak. Les professeurs s'en servent comme supports pour instruire les élèves.

À en croire les nombreux slogans qu'on nous assène au quotidien, je devrais donc être fier d'avoir perdu mon frère. Je devrais porter sa mort non pas comme un fardeau mais comme un flambeau.

Mais aujourd'hui j'ai envie de pleurer en voyant le visage de ma mère qui fixe amèrement la vitre de mon taxi comme si je partais à l'abattoir. Je comprends pourquoi elle a tout fait pour réunir l'argent nécessaire afin que je ne parte pas faire mon service[3]. Sans succès. Au moment où je pars faire mes classes à Téhéran, je ne sais pas encore ce qui m'attend. Je sais juste que j'ai dû renoncer à mon admission en troisième cycle à l'université pour étudier la linguistique anglaise. Sur trois cents candidats, nous étions seulement deux à avoir été acceptés. Ma seule consolation, c'est qu'à la fin de mon service je pourrai enfin voyager à l'étranger. En Iran, c'est la condition pour obtenir son passeport.

3. Depuis deux ans, il est désormais possible d'acheter son service militaire en Iran. Mais cela n'est accessible qu'aux familles fortunées, car la somme demandée est très élevée (environ 10 000 dollars).

La retraite. - En Iran, le service militaire, c'est mettre dix-huit mois de sa vie dans une grande parenthèse. On doit tout oublier : sa famille, ses amis, ses études, sans savoir ce qui nous attend au retour. Douze mois se sont écoulés, mais j'ai l'impression d'avoir vieilli de cinq ans. Le matin, devant la glace, je compte les nouveaux poils blancs qui ont poussé dans ma barbe obligatoire.

L'endroit où je me trouve s'appelle Adjabchir, un nom que je n'avais jamais entendu avant. Si on m'avait demandé sa signification, j'aurais pensé à une marque de dentifrice ou de savon. En fait, il s'agit d'un petit village situé dans la province de l'Azerbaïdjan, au nord-ouest de l'Iran. C'est ici que j'ai été envoyé après avoir fini mes classes dans la capitale. Nous avions passé un examen dont la note allait déterminer la ville où nous serions affectés. Mes amis m'avaient dit que je n'avais pas de souci à me faire. Étant donné mon niveau d'études, ils m'avaient expliqué que je pourrais certainement obtenir une ville intéressante. Comme je ne me sentais pas une âme de soldat et que la moitié des questions reposaient sur la connaissance du Coran, je n'ai pas été très à l'aise dans mes réponses. Cela n'a, semble-t-il, pas plu à mes supérieurs, qui m'ont envoyé le plus loin possible de la capitale.

Je me suis donc retrouvé dans cette caserne fade, entouré de jeunes soldats de la région pour la plupart analphabètes ou bien sanctionnés comme moi. J'ai même fait la connaissance d'un brillant étudiant en ingénierie qu'on a obligé du jour au lendemain à arrêter ses études. Sa faute était d'avoir été pris en flagrant délit à Téhéran en train d'écouter de la musique hard rock dans sa voiture en présence d'une fille.

Je partage ma chambre avec cinq jeunes Kurdes. Le soir, nous nous racontons des blagues et nous écoutons en cachette des cassettes avec un Walkman que j'ai rapporté de Sâveh. Il n'y a que ça à faire ici, si on veut tenir le coup. Les Kurdes n'ont pas de chance. Ils sont victimes de racisme de la part des supérieurs, qui sont eux-mêmes turcs. Ces derniers leur reprochent d'être sales et d'attirer les rats avec le pain que leurs familles leur envoient du Kurdistan.

Le régime qu'on nous impose ici est plus que draconien. Tous les matins, nous sommes réveillés par l'*azân* (appel à la prière). Les soldats doivent obligatoirement se rendre à la mosquée avant de commencer leur journée. « C'est la religion qui doit guider vos bonnes actions », nous répète tous les matins le mollah. Mais quelle sorte de religion ! Est-ce que l'islam, cela veut seulement dire être obligé de prier cinq fois par jour, entendre que l'imam* Khomeyni reste notre guide spirituel et se voir imposer des sanctions si l'on ne fait pas correctement ses ablutions ? J'ai fait un petit sondage. Sur les cent vingt soldats de la caserne, seulement la moitié font le jeûne en période de ramadan.

Tout cela me dégoûte, tout comme le comportement des officiers avec les soldats. Ils profitent de leur pouvoir pour nous imposer le maximum de tâches ingrates. Outre l'entraînement et le travail quotidien, ils nous envoient le soir en ville pour leur acheter des cigarettes dans le froid. Moi, on me fait traduire du matin au soir des articles de défense des revues britanniques. Moi qui suis un passionné de littérature et de poésie, je me retrouve à chercher dans le dictionnaire des termes comme « obus », « canon », « arme chimique », « terrain miné », etc. J'ai entendu dire que, l'année dernière, un des soldats s'était suicidé en ingurgitant des calmants. Cela ne m'étonne pas.

Nous sommes autorisés à appeler nos parents une seule fois par semaine. De nombreux soldats sont pères de famille. Quand ils téléphonent à leur femme, ils ne peuvent jamais parler tranquillement. Il y a toujours un officier à côté d'eux pour surveiller la discussion et s'assurer qu'ils ne profitent pas du téléphone pour appeler leur petite copine.

Pourtant, ici, derrière la morale religieuse, on se rend compte que tout fonctionne par la corruption. Un de nos officiers a l'habitude de donner des jours de permission supplémentaires aux soldats qui lui versent un pot-de-vin. Moi-même, j'ai fini par avoir recours à cet officier pour pouvoir quitter la caserne deux après-midi par semaine afin d'aller donner des cours d'anglais à un médecin d'un village voisin, Marâqé. C'est devenu mon bol d'air. J'ai très vite sympathisé avec ce médecin. Après chaque cours, nous regardons le satellite chez lui. Il reçoit de nombreuses chaînes russes et turques. Il y a notamment un show turc qui passe tous les soirs où l'on voit des femmes danser en robes à paillettes sur des musiques très entraînantes. Cela me change des barbus de ma caserne. Un soir, le médecin m'a proposé d'aller faire un tour en ville. Nous avons mangé des kebabs, puis nous nous sommes rendus dans une petite boutique pour acheter des sodas. Le commerçant a versé un liquide transparent dans un grand sac plastique. C'était de l'araq, sorte de vodka locale fabriquée en contrefaçon, un exemple parmi tant d'autres de l'hypocrisie du système dans lequel nous vivons. On nous interdit tout et en même temps on peut tout faire. Même dans une petite ville comme Marâqé, il est possible de trouver des bouteilles de whisky, des vidéocassettes des derniers films américains et des posters de Jean-Claude Van Damme. Au fond, tout cela me redonne de l'espoir. Je me dis que, malgré tout ce qu'ils nous imposent depuis vingt ans, les religieux ne pourront jamais nous empêcher de vivre à notre façon.

Le retour. - Plus que trois jours et je pourrai enfin me débarrasser de cette barbe qui me colle à la peau. Ma mère m'a envoyé un gros gâteau de Sâveh pour que je puisse fêter la fin de mon service avec mes camarades.

L'été est très difficile à supporter, surtout à Téhéran où l'on m'a renvoyé pour mes deux derniers mois. En fait, ils avaient besoin de quelqu'un pour traduire des textes pour le magazine de la caserne centrale. Ici, le comportement des officiers est aussi ridicule qu'à Adjabchir. La prière du matin, les sermons des mollahs, les caprices des officiers : j'ai retrouvé la même ambiance qu'en province. Dès mon arrivée, j'ai dû participer aux commémorations des dix ans de la libération de la ville de Khoramchahr, à la frontière avec l'Irak. Pour l'occasion, on nous a fait peindre de grandes fresques représentant l'ayatollah* Khomeyni entouré de plusieurs officiers morts à la guerre. Nous avons également eu droit à une sortie au théâtre. J'avais entendu dire qu'on jouait de bonnes pièces au Théâtre de la Ville et je me réjouissais de cette petite récréation culturelle. Je me suis retrouvé devant un spectacle de propagande joué dans le cadre du Festival de théâtre de la défense sacrée. La pièce mettait en scène un couple dont le mari revenait du front avec une jambe amputée. Il n'y avait pour seul décor que quelques vieux obus rouillés par le temps. Les comédiens, qui n'étaient semble-t-il pas des professionnels, récitaient péniblement leur texte sur un ton professoral. La salle n'était remplie qu'à moitié par d'anciens combattants accompagnés de leur femme en tchador*. D'après le discours du chef de l'armée, ce festival officiel était avant tout destiné à la nouvelle génération, celle qui n'a connu ni la révolution ni la guerre. Pourtant, dans la salle, la personne la plus jeune que j'aie croisée devait avoir trente-cinq ans. C'est vrai, après tout : pourquoi aller s'enfermer dans un théâtre alors qu'il suffit d'allumer la radio pour entendre les éternels discours et chants patriotiques de la guerre ? Nous sommes fatigués de tout ça. Fatigués des drapeaux noirs, fatigués des slogans révolutionnaires, fatigués des images de mort. Il est temps de se divertir un peu, de respirer. Il suffit d'aller jeter un coup d'œil sur les queues des salles de cinéma qui jouent des films d'amour à l'eau de rose pour comprendre ce dont nous avons besoin.

Moi-même, je me suis surpris à chanter des chansons d'amour alors que je me promenais dans un parc un jour de permission. C'est là que j'ai fait la connaissance d'Azadeh, une étudiante de dix-huit ans. Sous son foulard bleu, elle laissait apparaître un joli visage brun. Elle rêvait de partir pour le Canada, et je l'ai aidée à remplir son dossier pour l'ambassade. Nous nous sommes revus régulièrement, toujours dans des parcs. Ce sont finalement les seuls endroits possibles, dans une société qui ne tolère aucune relation avant le mariage.

Je me suis mis à faire le chauffeur de taxi pendant mes heures de repos. Il faut que je pense à mon avenir, à gagner un peu d'argent. Je viens d'apprendre que l'université ne m'a pas conservé ma place en troisième cycle. Ma mère aimerait que je reprenne la petite entreprise de mécanique de mon père à Sâveh.

Moi, je songe à quitter l'Iran.

Dans trois jours, je retrouve ma liberté. Je vais raser définitivement cette barbe de dix-huit mois. J'irai ensuite me faire photographier pour obtenir ce fameux passeport qui me permettra de sortir du pays. Je ne sais pas encore ce qui m'attend. Je dois maintenant penser à mon avenir.

Peut-être irai-je rejoindre Azadeh au Canada.

Eshan Javid

L'ayatollah Khomeyni : le crépuscule d'un mythe ?

Propos recueillis par Delphine Minoui

Bahram, Fatemeh, Afsâneh, Mehdi, Shadi et Ali ont vu le jour en même temps que la révolution islamique de 1979. Ils font partie de cette nouvelle génération qu'on appelle les « enfants de la révolution ». Ils nous livrent leurs souvenirs et leurs sentiments sur Khomeyni et son héritage.

Bahram, vingt et un ans, est étudiant en musique à Chiraz. Ses parents sont professeurs et lisent les journaux conservateurs, comme *Keyhân* (L'Univers) et *Etellât* (Les Informations). Lui préfère la presse réformatrice qui soutient les idées de Khâtami.

Fatemeh, vingt-deux ans, est née à Téhéran le jour de la révolution, au moment où des flots de personnes défilaient dans les rues en criant : « *Chah raft* » (« Le chah est parti »). Mariée depuis un an, elle a abandonné ses études pour s'occuper de son foyer. Son mari est chauffeur de taxi.

Afsâneh, vingt-deux ans, étudie la littérature à Ispahan. Ses parents sont employés de banque. Depuis les émeutes étudiantes de l'été 1999, elle s'est lancée dans la vie associative étudiante en intégrant le Bureau de renforcement de l'unité, le Daftar Tahkim Vahdat*.

Mehdi, vingt-deux ans, rêve de devenir poète. À côté de ses études de littérature à l'université de Sâveh, il collabore à plusieurs revues culturelles. Son père, un homme très traditionnel, lui a appris à respecter la religion.

Shadi, vingt et un ans, vit à Lavâssân, village très prisé situé au pied des montagnes, au nord de Téhéran. Elle passe la plupart de son temps à faire de la peinture dans le jardin de la villa de ses parents. Après son diplôme[1], elle n'a pas voulu s'inscrire à l'université, car elle ne supportait plus de porter le foulard.

Ali, vingt ans, étudie la médecine à Téhéran. Son père vend des tapis au bazar et sa mère ne travaille pas. Ses deux frères sont morts dans la guerre contre l'Irak. Tous les vendredis, il se rend à la mosquée pour prier.

Vous êtes nés au moment où l'ayatollah Khomeyni prenait le pouvoir en Iran et devenait le premier Guide religieux* de la nouvelle République islamique d'Iran. Il est mort il y a dix ans. Quel souvenir gardez-vous personnellement de lui ?*

Bahram :
Je me souviens d'un homme dont l'image était omniprésente : sur le petit écran, en poster dans tous les magasins, en peinture sur les murs, en photo sur les couvertures des journaux. Ses discours étaient automatiquement retransmis à la radio. Mes parents me répétaient toujours qu'il fallait le respecter car c'était un grand ayatollah. Dans ma famille, on disait qu'il avait fait beaucoup pour l'Iran. On me racontait que, s'il avait quitté sa résidence en exil à Neauphle-le-Château pour revenir en Iran, c'était avant tout pour le bien du peuple, pour libérer la population de la dictature du chah. Pourtant, lorsque je vois vers quoi tout cela a mené, je reste sceptique. Je me rends compte que nous sommes juste passés d'une monarchie à une théocratie. Et la démocratie, dans tout ça ?

Fatemeh :
Le jour de sa mort, le 3 juin 1989, j'ai beaucoup pleuré. C'était comme si je perdais un père. Avec sa disparition, j'ai eu l'impression de voir s'envoler une partie de ma vie. Depuis, je garde toujours son portrait dans un cadre que j'ai précieusement accroché

1. Le « diplôme » correspond au baccalauréat. Cet examen obligatoire à la fin du lycée permet de déposer sa candidature d'entrée à l'université.

au mur du salon. Ce que je retiens de lui, c'est qu'il avait beaucoup de charisme. C'est devenu une sorte de mythe. On parlait de lui en disant l'« imam Khomeyni[2] ». C'est peut-être pour cela d'ailleurs qu'il me fascinait tant. Si l'on regarde l'histoire de l'Iran, nous avons toujours eu de grands modèles politiques que l'on nous a appris à respecter. Regardez le chah : lui aussi il avait sa photo partout.

Afsâneh :
Pour moi, Khomeyni fait définitivement partie du passé, même si ses portraits continuent à envahir les panneaux des grandes artères. Ses idées sont dépassées et ne correspondent pas au XXIe siècle. L'Iran a tourné une page. Nous sommes dans une période de transition où la tradition et la modernité se cherchent respectivement une place. Entre nous, je me sens plus proche des idées du président Khâtami que de l'héritage laissé par Khomeyni. Bien sûr, Khâtami n'est pas aussi charismatique, mais je le sens plus sincère. Je m'identifie plus à sa démarche, qui me semble plus à l'écoute de la société.

Mehdi :
Moi, au contraire, je retiens l'image d'un homme modeste, honnête, qui faisait ses discours assis par terre, les jambes croisées, un Coran à la main. J'ai même écrit un poème sur lui qui a reçu l'année dernière le deuxième prix du Festival de la poésie des étudiants iraniens : « Le jour où il est venu, nous nous sommes demandé : dans quel ciel cet homme s'enracinera-t-il ? Il avait la marque du soleil sur son front. Puis nous nous sommes dit : nous resterons pour guérir les blessures de la terre avec la main divine. »

---

2. Dans le chiisme, le terme d'imam est réservé exclusivement aux descendants du Prophète, dont on attend toujours la venue du douzième sur terre. L'imam est tout : dépositaire du pouvoir religieux et politique, guide et chef de la communauté, il est désigné par Dieu pour poursuivre l'œuvre du Prophète. Dès l'instauration de la République islamique, ce titre a été accordé à Khomeyni par ses partisans, ce qui sous-entend qu'un régime islamique authentique est possible parce que le Guide religieux est lui-même le représentant du douzième imam. C'est cela qui a valu à Khomeyni un respect presque divin de la part de certaines couches sociales à son égard. Mais ce statut a également été fortement critiqué par de nombreux chiites, qui l'ont considéré comme une véritable usurpation.

Shadi :
Je n'ai rien à dire sur cet homme, que je considère comme un grand traître. Je sais juste que le système politique qu'il nous a légué ressemble plus à une dictature qu'à une démocratie. Nous avons beau avoir la possibilité d'élire tous les quatre ans un président de la République au suffrage universel, c'est pourtant le Guide religieux, Ali Khamenei[3], qui possède toujours les pleins pouvoirs. Selon le principe du *Velayat-é faqih**, mis en place par Khomeyni, le Guide est à la fois guide spirituel et politique. En plus, il a parsemé le paysage politique d'une série de petites institutions qui bloquent en permanence les réformes et les velléités d'ouverture. C'est le cas par exemple du Conseil des gardiens*, qui a le pouvoir de refuser des candidats aux élections. Ce qui signifie que, indirectement, il présélectionne ceux qui sont plus conformes aux normes de la République islamique.

Ali :
Khomeyni avait un pouvoir de conviction incroyable. C'est cela avant tout que je retiens de lui. Peut-être est-ce lié au statut d'imam qu'il s'était conféré. Ma mère me raconte toujours que c'est à la suite d'un de ses discours que mes frères ont décidé subitement d'aller se battre à la guerre. Cela m'impressionne, mais en même temps cela me fait peur. Je suis très croyant, mais au nom de quoi peut-on se permettre d'influencer le comportement des gens ? Au nom de l'islam ? Sûrement pas. Cela n'a jamais été écrit dans le Coran. C'est pour cela que je suis très sceptique par rapport au système de la République islamique. Est-il normal, en effet, d'utiliser la religion à des fins politiques ?

Seriez-vous favorables à une réforme du système actuel de la République islamique dans le sens d'une séparation entre le politique et le religieux ?

Fatemeh :
Si l'on respecte attentivement les lois de l'islam sans en abuser, il

3. C'est Ali Khamenei, alors président de la République, qui a été nommé Guide de la révolution après la mort de l'ayatollah Khomeyni.

n'y a pas de raison de séparer la politique de la religion. Car, dans les sociétés qui ne sont pas fidèles aux ordres et aux lois religieuses, les hommes politiques ne s'occupent finalement que de leurs propres intérêts. Le Prophète a dit : le gouvernement islamique est un gouvernement basé sur l'égalité. Si ce principe est suivi, il n'y a pas de raison de transformer le système de la République islamique. Tout est une question d'interprétation des textes religieux.

Shadi :

Qui dit République islamique dit un système démocratique qui réunit des musulmans. Mais cela ne doit pas vouloir dire un système où l'on manipule les gens au nom de l'islam. Une république, cela signifie la liberté d'expression. Or celle-ci comporte actuellement en Iran de nombreuses limites. Si l'on reprend l'exemple du Conseil des gardiens dont je parlais tout à l'heure, on constate qu'il se permet de disqualifier certains candidats aux élections. S'il agit ainsi parce qu'ils ont commis de sérieuses fautes, alors je suis d'accord. Mais aujourd'hui ce n'est pas le cas. De nombreux candidats sont disqualifiés à cause de leur point de vue, de leur façon de penser, jugés soi-disant anti-islamiques. Si l'on regarde les législatives de février 2000, on constate que 11 % des candidats ont été rejetés. La plupart faisaient partie du mouvement réformateur proche du président Khâtami ou bien du MLI[4] (Mouvement pour la libéralisation de l'Iran). D'autres avaient des pensées trop laïques. D'après moi, c'est le peuple qui doit juger par lui-même. Il devrait pouvoir voter en choisissant ses candidats sans filtre préalable. En plus, ce n'est pas par la force qu'on pourra sauvegarder la révolution. De même, je n'arrive toujours pas à comprendre pourquoi on continue à arrêter des intellectuels. Ils n'insultent personne. Ils ne violent pas la loi. Ils ne font que donner leur point de vue. Regardez par exemple le cas de ce jeune mollah*, professeur de philosophie, Mohsen Kadivar. Il a été condamné en avril 2000 à dix-huit mois de prison pour s'être

4. Le Mouvement pour la libéralisation de l'Iran est un parti d'opposition progressiste islamique. Fondé par Mehdi Bazargan, c'est aujourd'hui le seul parti d'opposition toléré en Iran.

permis, entre autres, de donner son avis sur le fonctionnement du système de la République islamique, c'est-à-dire le *Velayat-é faqih*.

Bahram :
La politique est une science logique, tandis que la religion est une question de croyance. D'après moi, politique et religion ne sont donc pas compatibles. C'est ce qui a été prouvé en Europe au Moyen Âge, mais aussi en Iran au temps des Sassanides. Si le gouvernement est religieux, il s'attribue un statut sacré et ne se laisse pas critiquer, et ce qui en découle c'est la dictature. Du coup, ce gouvernement détruit la religion car elle devient étatisée. C'est-à-dire que la foi est attaquée et détériorée à cause de la politisation à outrance. Je me rends compte que les pays qui ont réussi à séparer la politique de la religion sont ceux qui ont fait le plus de progrès sur le plan politique. En fait, ils ont bénéficié de la limitation du pouvoir du clergé pour mieux s'épanouir politiquement. Les savants religieux feraient donc mieux de s'occuper de la religion et les politiciens de la politique.

Mehdi :
Je pense que faire fonctionner ensemble la politique et la religion n'a rien de mal au premier abord. Au contraire, cela peut même permettre de créer un équilibre et de purifier la politique. Je suis sûr que même les non-croyants sont d'accord pour dire que, si un homme politique respecte les règles morales et religieuses dans sa carrière, le peuple lui fera plus confiance. Il sera considéré comme un honnête homme. Mais malheureusement, dans notre pays, en rapprochant la religion et la politique, on a commis pas mal de fautes qu'il faut absolument résoudre. Et c'est ça qui nous dégoûte aujourd'hui, nous les jeunes. Pour reprendre l'exemple du Conseil des gardiens, on voit qu'il se permet de disqualifier des candidats au nom de l'islam. Cet aspect dictatorial décourage le peuple et lui fait détester l'islam. L'autre erreur, c'est que la religion a été instrumentalisée au cours de ces vingt dernières années. De nombreuses personnes se donnent des apparences islamiques pour arriver à leurs fins. Pour obtenir un bon poste, par exemple, il suffit de se laisser pousser la barbe comme les *hezbollahi** et d'obliger

sa femme à porter le tchador*. C'est ainsi qu'une poignée d'opportunistes sont parvenus à occuper les postes les plus importants. Ces personnes étaient peut-être à la base des personnalités religieuses, mais elles se sont vite révélées manipulatrices et despotiques. Aujourd'hui, la plupart des hommes politiques se servent de la religion pour se faire une place. Du coup, la religion manipule la politique et la politique manipule la religion. Tout cela débouche finalement sur une question : un religieux est-il nécessairement un bon politicien ? Ce serait très long de répondre à cette question, mais j'aimerais en soulever certains points qui me semblent importants :

- Tout d'abord, au début de la révolution, on disait qu'à la tête du gouvernement il y aurait un Guide religieux, mais qu'il fallait que tous les autres postes soient occupés par des personnes éduquées et des universitaires spécialisés. En fait, cela n'a jamais été mis en place, et la plupart des personnages clés du système portent le turban des religieux. On l'a vu par exemple pendant l'élection présidentielle de 1997. Sur deux cent trente-huit candidats, seulement quatre ont été qualifiés et, sur ces quatre, trois étaient des mollahs, c'est-à-dire des religieux. Pour résoudre ce problème, il faudrait donc supprimer la surveillance arbitraire du Conseil des gardiens.

- Ensuite, d'après moi, le pourcentage des mollahs occupant des postes au pouvoir ne devrait pas dépasser le pourcentage des mollahs dans la population.

- De plus, il faut réduire les inégalités entre le crédit accordé aux religieux et celui réservé aux membres des autres couches de la société. Un religieux, comment devient-il religieux ? En faisant des études, tout simplement. Donc il peut commettre les mêmes erreurs que tout être humain.

- Finalement, peut-être que la solution à ces problèmes serait de procéder à une sécularisation, c'est-à-dire de retirer la religion du politique. Je ne parle pas bien sûr d'une laïcité à la française, car notre cas est différent. L'idée ne serait pas d'exclure totalement la religion du politique, mais plutôt de procéder à la sortie des clercs du politique et de restaurer l'autonomie du clergé, qui fonctionnerait plutôt alors comme modérateur et pourrait juste intervenir dans la politique en tant que conseiller.

Ali :
Moi, je suis d'accord pour créer une distance entre la politique et la religion. Car l'intervention des islamistes fanatiques ne permet pas à l'Iran d'établir des relations diplomatiques normales avec le reste du monde. Donc il faut accepter de réformer ce lien trop fort qui existe entre les deux. Mais il faut reconnaître qu'il existe pourtant des clercs capables d'être de bons politiciens. Donc, pour moi, séparer politique et religion, cela ne doit pas non plus vouloir dire exclure tous les hommes religieux de la politique. On ne peut pas les séparer complètement, mais il faut établir certaines limites entre les deux notions.

Afsâneh :
Pour moi, la religion, c'est d'abord un rapport individuel de l'homme avec Dieu. Si un individu est très croyant, cela ne doit bien sûr pas l'empêcher de faire de la politique. Mais il ne doit pas utiliser son discours religieux dans sa démarche politique. Les expériences historiques montrent que, lorsque la religion entre dans la politique, elles disparaissent toutes les deux et s'autodétruisent. Je suis donc favorable à une séparation, mais elle ne peut malheureusement pas se faire trop vite. Nous sommes pour l'instant dans une situation de transition. C'est pourquoi de nouveaux termes ont été inventés, comme par exemple la « société civile islamique ». En soi, ce terme n'a aucun sens. Car normalement, dans une société civile, il n'y a pas de limites aux libertés individuelles, tandis que dans une société islamique les libertés sont restreintes. Mais il faut se souvenir que ce terme a été employé pour la première fois par des intellectuels religieux, ceux qu'on appelle les réformateurs ou encore *degarandishan* (« ceux qui pensent autrement »), qui cherchent à faire avancer la République islamique dans un sens plus démocratique. Ce qu'ils souhaitent avant tout, c'est créer un véritable espace public prenant en compte les intérêts du peuple (qu'il soit d'ailleurs religieux ou laïc), tout en évitant un face-à-face trop direct et trop brutal avec les gardiens

des valeurs religieuses et traditionnelles issues de la révolution, c'est-à-dire les conservateurs. Finalement, il faut regarder la société islamique comme une transition nécessaire pour passer de la tradition à une société plus moderne. Cela permettra d'éviter le changement par la violence, qui pourrait remettre en cause toutes les évolutions en faveur de l'ouverture de ces dernières années.

Dans l'héritage laissé par Khomeyni, il y a le port obligatoire du hedjab pour les femmes. Vous qui êtes nés avec cette obligation, comment l'acceptez-vous ?*

Shadi :
J'en ai beaucoup souffert quand j'étais petite. J'avais de longs cheveux et je ne comprenais pas pourquoi il fallait que je les étouffe sous un bout de tissu noir. Mais après je me suis habituée. De toute façon, nous n'avons pas le choix. C'est une sorte d'uniforme que l'on doit porter lorsqu'on sort dans la rue. Bon, il faut reconnaître que ça a un peu changé ces dernières années. Aujourd'hui, on peut porter des foulards colorés et se permettre de laisser déborder des mèches. Même les femmes traditionnelles portent de moins en moins l'épais tchador noir qui vous couvre tout le corps et l'empêche de respirer. Par contre, dès que je rentre à la maison, j'enlève immédiatement mon foulard. Et, le jour où il ne sera plus obligatoire, je serai la première à l'ôter.

Bahram :
Je n'ai qu'une réponse : obliger les femmes à porter le foulard, c'est comme cacher le soleil derrière les nuages.

Fatemeh :
Pour moi, porter le voile, c'est une nécessité. C'est une base de l'islam. Le foulard nous protège de la dégradation des valeurs morales qui menace aujourd'hui les sociétés occidentales. Le voile a été imposé avant tout pour valoriser et protéger la femme. Il la préserve comme un bijou, l'aide à être honnête et lui garantit le bonheur éternel. Dans les pays occidentaux, où les femmes ne portent pas le foulard, les hommes en abusent, car ils utilisent la

femme comme un moyen de débauche. Cela détruit le caractère et la morale de la femme, et mène la société à sa ruine. Lorsque la femme est couverte, elle est épargnée des grands dangers. Elle peut se consacrer à ses études et à son travail au lieu de perdre son temps à se maquiller. Cela lui permet de retrouver l'estime des hommes, qui ne la considèrent plus seulement comme un objet de désir.

Afsâneh :
Aujourd'hui, personne n'ose critiquer ouvertement le foulard. Cela reste un sujet tabou dans notre société. Mais pour moi c'est l'objet le plus ridicule qui puisse exister dans notre pays. Il ne devrait avoir sa place que dans les musées. Personnellement, j'ai arrêté mes études car je ne supportais plus de le porter. Chaque fois que je sors dans la rue pour faire des courses, j'ai l'impression d'être obligée de me déguiser en mettant cet espèce de fichu sur ma tête. J'étouffe complètement. Ça me gratte le cuir chevelu. En plus, je trouve ça très malsain, car les cheveux ne peuvent pas respirer, surtout lorsqu'il fait très chaud. Et puis il ne faut pas oublier le manteau long, qui est également obligatoire. Il se coince partout : dans les portières des voitures, dans les roues des motos, sur les chaises de l'université. Tout cela me dégoûte. Quand je vois toutes ces femmes cachées sous leur hedjab, j'ai envie de crier. Il faudrait que les mollahs comprennent une fois pour toutes que le fait de ne pas porter le foulard n'est pas en contradiction avec le fait d'être croyant. La foi est avant tout intérieure, elle ne doit pas se prouver extérieurement.

Mehdi :
Il ne faut pas être trop critique à l'égard du port du foulard. Il faut reconnaître que c'est ce qui a permis à certaines femmes de mieux s'intégrer dans la société. Ma mère, par exemple, a commencé à travailler quand le foulard est devenu obligatoire. Elle dit que ça la protège. Le voile lui permet d'être au même niveau que les hommes. Ils la considèrent pour ses compétences et non pour son physique. Je ne suis pas sûr que ce soit une bonne chose de laisser le choix aux jeunes filles de porter le foulard. D'abord, cela peut

produire des discriminations entre celles qui l'enlèvent et celles qui le portent. Ensuite, cela peut provoquer des comportements extrêmes chez celles qui ont toujours eu l'habitude de le porter et qui décident de l'enlever tout d'un coup. Se sentant libres, elles peuvent en profiter pour porter des minijupes, se maquiller excessivement, sans retenue. C'est déjà le cas à la maison ou dans les soirées privées clandestines. Les filles sont tellement maquillées qu'on ne les reconnaît plus. De toute façon, d'après moi, les jeunes filles d'aujourd'hui ont d'autres problèmes plus fondamentaux que le foulard.

Ali :
Le foulard, cela devrait être avant tout une question de choix personnel. C'est comme la religion. Chacun devrait pouvoir choisir d'être pratiquant ou pas. Ce qui est important, c'est de pouvoir respecter certaines valeurs mais de ne pas les imposer aux autres. Je ne suis donc ni pour l'obligation ni pour l'interdiction du foulard. L'interdire totalement voudrait dire exclure certaines personnes de la société, comme ce fut le cas sous le chah. Et ce n'est sûrement pas la meilleure solution. Aujourd'hui, il faut apprendre à respecter les autres, à être plus tolérant. C'est le défi de notre génération.

Propos recueillis par Delphine Minoui

© ISABELLE ESHRAGHI/VU

2. *Espoirs et raison, la politique du mouvement*

Une rencontre fondatrice

Traduction de Davoud Dekhan

À l'occasion de la « journée des étudiants », en décembre 1998, le président Khâtami s'est rendu à l'université Sharif de Téhéran pour répondre aux questions de plusieurs milliers de jeunes venus des quatre coins du pays. La liberté de ton de ce débat, retransmis à la télévision, demeure comme une référence dans la mémoire des Iraniens de la nouvelle génération. Voici quelques extraits de l'événement.

- Monsieur le président, vous venez d'effectuer un tiers de votre mandat. Avez-vous réalisé un tiers de vos promesses électorales ? Les journaux Tous *et* Djâméé *ont été interdits, et les conservateurs continuent à menacer les journalistes. Mais personne ne réagit. On attaque des intellectuels. Pourquoi avez-vous gardé le silence ? Vous êtes pour le dialogue et la tolérance. Eux, ils ne respectent pas le choix du peuple.*
- Il existe un groupuscule appelé Ansar-é Hezbollah, qui a récemment attaqué le rassemblement des étudiants de l'université Ferdoussi, à Machhad, et l'imam de la prière du vendredi à Ispahan, l'ayatollah* Tahéri. Comment peut-on accepter l'existence de ce groupuscule ?*
- Le 2 khordâd[1]*, date de votre élection, vous avez demandé aux jeunes de parler de la vie, et non de la mort. Quelques mois plus tard, un couple d'intellectuels, les Forouhar, étaient assassinés. Par ailleurs, les rassemblements pacifiques d'étudiants sont toujours réprimés avec violence. Certains étudiants de l'université Behechti ont été exclus pour avoir protesté contre leurs conditions de vie. Pourquoi ne réagissez-vous pas ? Je vous demande de nous aider à régler ces problèmes.*

1. 23 mai 1997.

Je crois qu'il faut avant tout trouver des solutions au sein même de la société. Il ne faut pas attendre que tout se fasse par en haut. Les sociétés qui n'ont pas confiance en elles attendent toujours qu'un héros résolve leurs problèmes. Dans une société avancée, il faut que tout le monde participe à la réflexion.

Est-ce que nous souhaitons rejeter toute opposition ? Sûrement pas. Et c'est justement ce qui nous distingue de certaines personnes. Dans une société civile, la pensée est libre, on peut tout aborder pour que le peuple décide lui-même.

Au cours de ma campagne présidentielle, j'ai bien sûr mis l'accent sur certains principes, comme la révolution - qui nous a quand même coûté cher - et l'islam, car je suis avant tout un religieux, tout en défendant un islam compatible avec les droits du peuple. Mais j'ai également tenu à évoquer de nouvelles notions comme la société civile, le développement politique, la fidélité aux lois, la réduction des tensions, l'égalité, la prise en compte de la jeunesse, etc. De nombreuses personnes s'y sont opposées. Naturellement, elles sont en droit de dire ce qu'elles pensent. Prenez le développement politique. Si la majorité parlementaire n'y croit pas du tout[2], la loi lui permet d'interroger, de convoquer, de destituer. Si elle ne partage pas l'avis du président, elle a le droit de n'en faire qu'à sa tête. Donc il y a des opposants et des oppositions. Certains s'opposent au président, d'autres au Parlement. Nous n'avons jamais voulu les étouffer. L'important, c'est de tout faire dans le cadre des lois.

Pendant ma campagne présidentielle, dès que je parlais des lois, on me soupçonnait d'être contre-révolutionnaire, anti-islamique, libéral. Mais aujourd'hui tout le monde accepte plus ou moins les lois. Même ceux qui les violent essaient de justifier leurs fautes en s'appuyant sur des lois. N'est-ce pas une victoire ? Il faut avancer pas à pas. Le Parlement, le pouvoir judiciaire et le gouvernement doivent tous avoir leur place. Tout doit se faire dans le cadre des lois. Et je veillerai à ce qu'il en soit ainsi.

Et vous, si vous trouvez que ces paroles sont justes, je vous remercie de les propager. Si notre peuple, nos ministres et nos

---

2. À cette époque, le Parlement était encore majoritairement conservateur.

députés comprennent mieux ces notions, ils s'entendront peut-être mieux.
Quant aux groupes de pression, il faut d'abord essayer de savoir comment ils arrivent à surgir soudainement. Certaines personnes au sein de l'État se fichent de l'opinion publique. Elles n'hésitent pas à mobiliser les groupes de pression pour semer la panique dans les milieux de l'opposition. En plus, ces groupes sont indirectement protégés par l'appareil judiciaire et les forces de sécurité.
Je demande pourtant aux étudiants de prendre en compte certaines réalités. Notre pays a connu une révolution, et certains l'ont payé très cher. Ils ont fait la guerre contre l'Irak, ils ont été blessés au front, et beaucoup de leurs proches y sont morts. Ils en sont revenus profondément marqués. Aujourd'hui, ils voient leurs idéaux révolutionnaires s'affaiblir. Il leur arrive donc de s'exprimer de manière violente et agressive.
Cependant, j'ai une question à leur poser. Êtes-vous les seuls vrais révolutionnaires ? Êtes-vous les seuls à avoir fait la guerre ? Pourquoi vous prenez-vous pour la révolution incarnée ? Parmi les membres de l'autre tendance, il y a aussi des révolutionnaires, des personnes issues de familles de martyrs, des blessés de guerre. De 60 à 70 % de ceux qui ont fait la guerre croient aux évolutions et au changement politique. Eux aussi ont le droit de dire ce qu'ils pensent.
D'ailleurs, n'est-ce pas la révolution qui a permis de construire cette République islamique dont les principes sont basés sur la Constitution ? Aujourd'hui, défendre les valeurs, c'est mettre la Constitution en œuvre. La Constitution autorise tout ce qui ne viole ni l'islam ni les droits du peuple : la liberté de se rassembler, d'exprimer sa pensée. Elle interdit l'inquisition.
Vous tous qui vous souciez de la révolution, savez-vous ce que veut dire la révolution ? La révolution, c'est la compatibilité de l'islam et de la démocratie. Les conditions du monde contemporain ne permettent plus d'opposer l'islam à la liberté. Sinon, l'islam échouera. L'islam doit être avant tout un islam intérieur et personnel. Les slogans religieux ne doivent pas être utilisés à des fins politiques.
Je le répète, un journal ou un magazine, s'il est accusé et reconnu

coupable, doit être jugé dans des conditions normales, c'est-à-dire devant un tribunal de la presse, en public et face à un jury. Il arrive qu'on ne soit pas d'accord avec certains articles, mais on n'a pas le droit de s'y opposer n'importe comment. J'y tiens beaucoup. Nous avons d'ailleurs déposé un projet de loi dans ce sens. Aujourd'hui, nous n'avons qu'une possibilité : le dialogue. La violence n'engendre que la violence. Je demande donc aux étudiants d'être patients et de supporter les iniquités en attendant la parfaite exécution des lois.
Les meurtres de Forouhar et de sa femme sont des crimes particulièrement odieux dont ne profitent que les ennemis de la nation, de l'islam et de la révolution. J'ai ordonné qu'on mène une enquête et qu'on aille jusqu'au bout pour savoir si les auteurs sont à l'intérieur ou à l'extérieur du pays. En tout cas, on ne les ménagera pas.

- La plupart des étudiants viennent de la classe moyenne de la société. Pourtant, les frais d'études augmentent à un rythme effréné. Nous avons déjà protesté, mais en vain. Le prix du logement a même contraint certains étudiants à abandonner leurs études.
- Est-ce normal que le Conseil des gardiens[3] *ait le droit de disqualifier certains candidats aux élections ?*
- Vous avez parlé des obstacles et critiqué certaines personnes. J'ai du mal à accepter que vous ayez présenté votre candidature à la présidence sans avoir eu conscience de ces obstacles. Pour nous, il est inacceptable que votre programme ne se réalise pas.
- Est-il normal d'être obligé de faire une demande d'autorisation préalable pour ouvrir un organe de presse ? Ne trouvez-vous pas qu'en fermant les journaux on étouffe la pensée ?
- Monsieur le président, les étudiants traversent une crise difficile. Avez-vous lu nos lettres ? Le temps n'est-il pas arrivé pour vous de soutenir les étudiants ? Que savez-vous vraiment de nous ? Que savez-vous des représentants des étudiants qui sont menacés ? N'est-il pas temps pour vous de répondre ? Monsieur le président de la République, nous voulons défendre nos droits.

Vous avez raison, il faut appliquer la loi, aussi bien dans les

3. Instance d'arbitrage du régime, dominée par les conservateurs.

universités qu'ailleurs. S'il y a des infractions, il faut les punir. L'augmentation des frais d'études est liée à nos déficits budgétaires. Quant au logement et au coût des études, nous allons essayer de créer des facilités. Nous allons nous efforcer d'affecter plus de crédits pour l'éducation. Mais aujourd'hui nous avons des problèmes dans tous les domaines : production, industrie, agriculture, pétrole, éducation, qu'il faut résoudre au fur et à mesure.
Plus nous donnons une image violente, illogique et intolérante de la religion, plus nous la trahissons. En tant que président d'un gouvernement religieux, je reconnais le droit du peuple à décider de son destin, à s'exprimer librement et à penser. Si j'arrive à le mettre en œuvre, c'est un grand service que je rends à la religion. Ma plus grande tâche est de défendre les droits du peuple dans le cadre des lois.
À propos de la société civile, il est vrai que c'est un concept occidental. Mais, si nous le critiquons parce qu'il est occidental, on doit également critiquer la Constitution et la république. Bien sûr, il y a des gens qui continuent à critiquer ces principes en prétextant que la république et la Constitution n'existent pas dans l'islam. Ils opposent même le « gouvernement islamique » *(ocoumat eslami)* à la « république islamique » *(djomouri eslami).*
Il faut savoir que la notion de société civile peut s'adapter en fonction des pays. Imposer un modèle unique n'est pas possible. Nous devons appliquer un modèle qui corresponde à nos valeurs, aux droits et aux intérêts de notre peuple. Nous sommes en train d'expérimenter la république islamique. Le principe de société civile suppose que le peuple puisse décider de son destin. Et cela ne va pas du tout à l'encontre de l'islam. Donc il faut que tous les organes du régime dépendent, de manière directe ou indirecte, du vote du peuple. La société civile reconnaît les limites du pouvoir. La loi a tout précisé : le président, le Parlement, les juges. Même le Guide religieux* est élu et surveillé par l'Assemblée des experts*, elle-même élue par le peuple. Seulement, pour que le peuple puisse surveiller l'autorité, nous avons besoin d'institutions civiles intermédiaires comme les partis politiques, les syndicats et les formations sociales, représentant les exigences des différentes couches sociales de la population.

Nous sommes seulement en train de nous initier à la liberté. Dans la presse, l'autorisation de publication se fera dans le cadre de la loi. Mais, si la loi est mauvaise, il faut la réviser.

On aurait tort de croire qu'il est possible d'étouffer la pensée. La pensée, c'est une agitation intellectuelle : quand la question se pose, on ne peut plus rester tranquille. À l'ère de la communication, on ne peut pas empêcher les gens de s'interroger. Même si on n'autorise pas la réédition d'un livre, il y a toujours une traduction publiée à l'étranger.

Personne n'est absolu. S'il n'y a pas de pensée qui contredise la mienne, je risque de me croire le plus intelligent, alors que si je laisse les autres la critiquer j'en découvrirai les défauts.

Si nous essayons d'étouffer la pensée, elle se cachera sous le sol et nous ne pourrons plus maîtriser ce qui est en train de mûrir. Elle pourra exploser tout d'un coup en mettant la société en danger. Donc il faut laisser la pensée libre pour qu'on puisse discuter, car l'islam accepte la liberté de penser.

Traduction de Davoud Dekhan

Jours de colère

Hassan Sabaghshian

Photographe à l'agence de presse AP, Hassan Sabaghshian, trente ans, a été le témoin des émeutes étudiantes de l'été 1999, premier grand soulèvement populaire depuis la révolution islamique. À l'origine de ces manifestations, un durcissement de la loi sur la presse et la fermeture du journal *Salâm*, symbole des réformes encouragées par le président Khâtami. Sur les banderoles, on pouvait lire : « À mort le despotisme » ou encore : « La liberté ou la mort ».

TORONTO
CANADA

Mobilisation : l'école de la patience... active

Nadia Pizzuti

Le mécontentement de la jeunesse face à la lenteur des réformes a débouché, en juillet 1999, sur des manifestations d'une ampleur sans précédent depuis la chute du régime impérial. Bien que la contestation ait rapidement été étouffée, elle a permis une meilleure organisation des étudiants, qui pour certains sont entrés de plain-pied dans la vie politique.

« C'est par la volonté de la jeunesse que ce pays va être réformé. » L'ayatollah* Khomeyni, le fondateur de la République islamique, ne croyait pas si bien dire en s'adressant ainsi à un groupe d'étudiants au lendemain de la révolution. C'est effectivement la jeunesse qui aujourd'hui pousse le pays à se réformer, mais pas dans le sens qu'entendait Khomeiny : c'est elle qui remet le plus profondément en question les fondements de la République islamique ; c'est par la volonté des jeunes que l'Iran cherche à s'émanciper des héritages de la révolution.

Le vote massif en faveur du réformateur Mohammad Khâtami lors de l'élection présidentielle du 23 mai 1997 a ouvert la scène politique à une nouvelle génération, celle des vingt à trente ans, dont la ruée vers les urnes témoigne de la volonté de changement. En révolte contre la rigidité de la morale islamique, excédés par l'immobilisme du clergé au pouvoir, hantés par la perspective du chômage, ces enfants du boom démographique ont pour la première fois exprimé leur contestation face à l'idéologie islamiste.

La libéralisation relative de la presse qui a suivi l'élection de Khâtami ainsi que l'accès aux nouveaux moyens de communication comme internet ont rapidement favorisé la circulation des idées et encouragé la jeunesse à critiquer plus ouvertement le pouvoir. Assoiffée de liberté, celle-ci a très vite imposé son droit de protestation, malgré la résistance farouche des conservateurs[1] et les violentes prises à partie des islamistes de l'Ansar-é Hezbollah (adeptes du parti de Dieu) et des *bassidjis**.

L'escalade de la contestation

À l'occasion du premier anniversaire de l'élection de Khâtami au printemps 1998, près de trente mille jeunes se sont rassemblés à l'université de Téhéran pour affirmer leur soutien aux réformes. Dans une ambiance de fête inédite dans l'histoire de la République islamique, ils avaient réservé au président un accueil enthousiaste : « Khâtami, on t'aime », « Liberté, liberté », scandait la foule en tapant des mains et des pieds. Les manifestants réclamaient la démission du chef du système judiciaire, l'ayatollah ultraconservateur Mohammad Yazdi, et lançaient des slogans hostiles à la police et à la télévision, deux institutions contrôlées par les adversaires du président. Quelques jours plus tard, le leader de l'Ansar-é Hezbollah, Hossein Allahkaram, accusait Khâtami de se comporter comme le chah, tandis que plusieurs ténors du courant conservateur condamnaient le bruyant rassemblement, qualifié d'« anti-islamique ». La tension déboucha sur de violents affrontements au parc Laleh, situé au centre de Téhéran, entre jeunes islamistes et étudiants proches d'un groupe ultraréformateur, l'Union islamique des étudiants et diplômés, dirigée par Hechmatollah Tabarzadi, ancien militant intégriste.

La contre-attaque des traditionalistes fut des plus sévères : destitution du ministre de l'Intérieur, le religieux progressiste Abdollah Nouri, accusé de laxisme vis-à-vis des contestataires ;

1. Les conservateurs sont toujours majoritaires à l'Assemblée des experts (qui a pour rôle de désigner le Guide religieux, numéro un du régime), au Conseil des gardiens (qui veille à la constitutionnalité des lois et à leur compatibilité avec l'islam, et habilite les candidats aux élections) et dans les instances judiciaires (dont le chef est désigné directement par le Guide religieux).

condamnation à cinq ans de prison de Gholamhossein Karbastchi, ancien maire modéré de Téhéran, accusé d'escroquerie et de mauvaise gestion ; fermeture du quotidien libéral *Djâméé* et de son avatar *Tous*, et arrestation de leurs responsables.

Quelques mois plus tard, à l'automne 1998, une nouvelle vague d'assassinats frappait des opposants nationalistes et des intellectuels libéraux.

En février 1999, alors que les conservateurs fêtaient en grande pompe les vingt ans de la révolution islamique, les jeunes participants au mouvement désertèrent les manifestations et préférèrent se consacrer aux élections municipales, confirmant ainsi une fois encore leur intérêt pour les réformes.

Cependant, les jeunes Iraniens politisés ne se contentèrent pas de bouder les fêtes officielles : partisans d'une ouverture dans le cadre du fameux « dialogue des civilisations », ils osaient se prononcer contre la théorie de l'« invasion culturelle occidentale » et du « complot de l'étranger ». Cette prise de position fut illustrée pour la première fois le 3 novembre 1998, date de la cérémonie annuelle de commémoration de l'occupation de l'ambassade américaine, dix-neuf ans auparavant. Au moment où une cinquantaine de militants du Hezbollah* - jeunes eux aussi - brûlaient de façon ostentatoire deux drapeaux américains, les étudiants organisaient une contre-manifestation. « Nous invitons les anciens otages à venir en Iran. Nous devons nous tourner vers l'avenir et, à travers le dialogue, nous pouvons prouver au monde que nous ne sommes pas des terroristes », proclama Ebrahim Asgharzadeh, ancien étudiant khomeyniste élu quelques mois plus tard au conseil municipal de Téhéran.

Un an plus tard, à l'occasion des vingt ans du même événement, la principale association d'étudiants réformateurs, le Daftar Tahkim Vahdat* (Bureau de renforcement de l'unité), surenchérit en organisant une conférence de deux jours autour des thèmes du dialogue et de la tolérance. Les leaders du Daftar décrétèrent que l'occupation de l'ambassade, saluée par l'ayatollah Khomeyni comme la « deuxième révolution », ne serait plus commémorée par une marche mais par un rassemblement sur le campus. Le but de la manifestation, expliqua un des membres actifs du Bureau,

Ali Afchari, serait désormais la critique de la violence et de la coercition. Le lendemain, des centaines d'étudiants se rassemblèrent sur le campus. « Nous rejetons l'oppression, le despotisme et l'impérialisme, proclama un autre leader du Daftar, Ebrahim Sheikh. Les slogans extrémistes et les drapeaux américains brûlés sont autodestructeurs pour les Iraniens. » Les intégristes se tinrent à distance, mais le président du Parlement conservateur de l'époque, le religieux Ali Akbar Nateq-Nouri, accusa « les libéraux et les nationalistes proaméricains » d'avoir « infiltré » les universités.

Les émeutes étudiantes de juillet 1999

En juillet 1999, l'adoption d'une loi visant à bâillonner la presse ainsi que l'interdiction du journal de la gauche islamique *Salâm* allaient pousser l'exaspération des étudiants à son comble et déclencher le mouvement de contestation le plus radical depuis la révolution.

La révolte démarra spontanément dans la nuit du 8 au 9 juillet sur le campus universitaire d'Amir Abbad, au nord de Téhéran. Les étudiants, qui s'étaient réunis dans la soirée pour exprimer leur mécontentement, furent rapidement surpris par un violent assaut des forces de l'ordre et des islamistes. Dès le lendemain matin, des marches et des rassemblements se déroulaient un peu partout, notamment devant l'université de Téhéran, haut lieu de la révolution islamique. Les jeunes - garçons en chemise blanche, filles en tchador* - bravèrent l'interdiction des autorités et défilèrent côte à côte par milliers dans les rues de la capitale, aux cris de « À mort le despotisme » et « La liberté ou la mort ». Ils arboraient des portraits de Khâtami, mais aussi de Mohammad Mossadegh, le Premier ministre nationaliste renversé par un coup d'État en 1953, et de Darioush Forouhar, le chef du Parti du peuple d'Iran (opposition laïque et nationaliste), assassiné avec sa femme en décembre 1998. Pour la première fois, les manifestants critiquaient ouvertement le Guide suprême, l'ayatollah Ali Khamenei, et réclamaient l'abolition du *Velayat-é faqih**, le principe de la suprématie du Guide religieux. Certains accusaient même le plus haut dignitaire religieux de complicité avec les « crimes » des islamistes et réclamaient la démission de Khamenei.

Des barricades furent érigées aux alentours de l'université, où les affrontements entre étudiants et forces de sécurité donnèrent lieu à des scènes de guérilla urbaine. Dès le deuxième jour, la population rejoignait le mouvement de contestation, portant le nombre des manifestants à quelque vingt mille. Les troubles s'étendirent rapidement aux villes de province, notamment Tabriz, où un étudiant en théologie fut tué par balle.

Un conseil élu par les étudiants, le Comité pour les sit-in, comprenant trente personnes (dont trois jeunes femmes) et dirigé par des membres du Daftar, prit la tête du mouvement et avança ses revendications, dont le limogeage du chef de la police, le général Hedayat Lotfian, et la punition des responsables de l'attaque contre la cité universitaire, qui avait fait au moins un mort et des centaines de blessés. Le Conseil suprême pour la sécurité nationale, dirigé par Khâtami, annonça la destitution du chef de la police de Téhéran, le brigadier Farhad Nazari, et l'arrestation de deux autres officiers. Le président, pris dans un délicat entre-deux, condamna les manifestations tout en distinguant étudiants et « franges déviantes ». Mais, si quelques voix s'élevèrent pour le critiquer, il restait extrêmement populaire auprès des jeunes. « Khâtami est la dernière chance de survie pour le système islamique », affirma un des membres du comité étudiant.

La répression fut impitoyable. Après cinq jours de manifestations, le bilan officiel était de trois morts, trois blessés et mille cinq cents arrestations, mais les étudiants et la presse réformatrice parlaient d'au moins cinq victimes, de centaines de blessés et de centaines de personnes « enlevées » par les services secrets. Trois manifestants, présentés comme « agitateurs contre-révolutionnaires », durent passer aux « aveux » à la télévision d'État, tandis que les tribunaux révolutionnaires entraient en action. À la veille de la réouverture des universités à la mi-septembre 1999, quatre condamnations à mort étaient prononcées à l'encontre de manifestants accusés d'être des *moharebin* (« ceux qui ont déclaré la guerre à Dieu »). L'un d'entre eux, Ahmad Batabi, avait exhibé un tee-shirt ensanglanté appartenant à un de ses camarades blessés et sa photo avait fait le tour du monde. En avril 2000, les peines de mort ont finalement été commuées en quinze ans de détention.

La stratégie de la patience active : le Daftar

Les troubles de juillet 1999 ont conduit les étudiants à tirer un certain nombre de leçons quant à leur rôle dans les milieux universitaires et politiques, et les ont incités à poursuivre leur mobilisation, mais dans le calme et en s'organisant mieux.

Le Daftar compte quelque cinquante mille adhérents et s'impose comme le mouvement le mieux structuré, avec un comité central composé d'une dizaine de membres. Il lui manque cependant un chef charismatique ou un porte-parole désigné, et ses prises de position - communiqués ou déclarations - sont confiées tour à tour à des membres du comité central, dont les plus influents sont Ali Afchari, Mehdi Tabatabai, Reza Hojjati, Akbar Atri et Ebrahim Cheikh.

Fondé au lendemain de la chute du chah, le Daftar avait activement participé à la « révolution culturelle » visant à islamiser les universités et à les purger des éléments compromis avec l'ancien régime. Le cerveau de l'épuration fut le philosophe Abdolkarim Soroush, aujourd'hui un des inspirateurs des étudiants progressistes et ardent prophète de la séparation de la religion et du politique. Au cours des deux dernières décennies, les conceptions et les positions des têtes pensantes du Daftar ont considérablement évolué. L'arrivée de nouveaux membres, plus jeunes, a permis l'éclosion de tendances progressistes au sein du comité central. Certains ne cachent pas leur sympathie pour les idées laïques.

Tout en se gardant de critiquer ouvertement le *Velayat-é faqih*, les leaders du Daftar ont remis en cause à plusieurs reprises la légitimité du système islamique et ne se sont pas privés d'attaquer les membres du clergé traditionaliste. Ils s'en sont pris à l'ancien président Akbar Hachemi Rafsandjani, chef de file des conservateurs aux élections législatives de février 2000. Actuellement à la tête du puissant Conseil de discernement* (une des principales instances d'arbitrage du régime), Rafsandjani est accusé d'avoir encouragé la corruption et le népotisme, d'avoir fermé les yeux sur les meurtres d'opposants et d'avoir orchestré l'arrestation et l'emprisonnement de l'ex-ministre de l'Intérieur Abdollah Nouri afin d'empêcher son élection au Parlement. Le tout-puissant Rafsandjani est désormais la cible préférée des étudiants, qui l'ont surnommé « Akbar chah Pinochet ».

Après la sanglante répression des manifestations de juillet 1999, le Daftar s'est imposé comme un médiateur informel entre les étudiants et le pouvoir. Il a organisé des tables rondes sur la violence et sur la liberté de la presse, avec la participation de quelques maîtres à penser du mouvement étudiant tels que Soroush et les journalistes Abbas Abdi et Akbar Gandji. Les dirigeants de l'association se sont également rendus à plusieurs reprises dans la ville sainte chiite de Qom pour obtenir le soutien de quelques oulémas (théologiens) réputés pour leurs positions modérées. Ils ont également adressé des lettres ouvertes aux principales institutions de l'État, telles que le Conseil de discernement et le Guide suprême lui-même, en demandant l'adaptation des principes islamiques aux exigences de la jeunesse.

Les élections législatives de février 2000 ont donné au Daftar l'opportunité d'entrer de plain-pied dans la politique en se ralliant à la coalition réformatrice du « 2 khordâd[2] » et en s'imposant comme porte-parole de la jeunesse. Parmi les 70 % des réformateurs élus au nouveau Parlement - jusque-là majoritairement conservateur -, on trouve aujourd'hui plusieurs anciens membres du Daftar, dont Meysam Saedi, trente ans. De fait, l'association étudiante est devenue une force politique incontournable.

Aujourd'hui, le Daftar prône la « critique constructive » et la « stratégie de la patience active » avec les autres réformateurs, contre la « stratégie de la tension » imputée à leurs concurrents ultra-réformateurs. Cette évolution répond au double souci d'éviter tout dérapage violent, dans un contexte politique qui reste tendu, et de marginaliser les franges extrémistes du mouvement étudiant, frappées de plein fouet par la répression policière.

2. Le 2 khordâd correspond à la date de l'élection du président Khâtami.

Parmi les concurrents du Daftar, il faut citer l'Union islamique des étudiants et diplômés, mouvement à l'avant-garde des tendances ultraréformatrices, comptant près de vingt mille membres, dirigé par Hechmatollah Tabarzadi et abritant un Comité pour la défense des prisonniers politiques. Après plusieurs mois passés en prison en 1999, Hechmatollah Tabarzadi a radicalisé son discours, ce qui l'a conduit à de fréquents démêlés avec la justice conservatrice. En mai 2000, l'Union a changé de nom pour celui de Front des étudiants unis, lequel a été déclaré hors la loi par le ministère de l'Intérieur. Le Front critique la passivité des dirigeants réformateurs et réclame la fin du régime clérical ainsi qu'un nouveau référendum sur la Constitution afin de décider si elle doit garder ou non son caractère islamique.

Ces prises de position ont creusé un fossé entre l'association de Tabarzadi et le Daftar, qui l'accuse d'être un agent provocateur à la solde des conservateurs. Le clivage entre les deux groupes est apparu au grand jour le 8 juillet 2000, lors de la première commémoration du grand soulèvement étudiant. Alors que des militants du Daftar distribuaient des fleurs aux passants dans les rues de Téhéran - initiative baptisée « Le visage souriant des réformes » -, de violents affrontements ont éclaté sur l'avenue Enqélâb (avenue de la Révolution), à proximité de l'université, opposant des milliers d'étudiants aux islamistes et à la police antiémeutes. Le Daftar s'est aussitôt démarqué en rejetant la responsabilité des violences sur les intégristes et le groupe de Tabarzadi.

Les autres visages de l'engagement

Les nombreuses revues étudiantes qui ont vu le jour depuis l'élection de Khâtami sont devenues de véritables tribunes des revendications de la nouvelle génération, qui s'y exprime parfois de façon très contestataire. C'est le cas du quotidien *Gozâresh-é rouz* (Information du jour), suspendu en avril 2000 à l'instar d'une vingtaine d'autres publications réformatrices. *Gozâresh-é rouz*, dirigé par Hechmatollah Tabarzadi, se présentait comme le « premier journal indépendant du mouvement étudiant ». Tabarzadi dirigeait déjà au début des années 1990 un hebdomadaire très populaire, *Payâm-é danechdjou* (Le Message de l'étudiant), connu pour ses virulentes critiques contre les dirigeants du pays.

Par ailleurs, la politisation croissante des jeunes a donné lieu à des formes de contestation inédites, comme l'occupation d'une faculté de médecine par cinq cents étudiantes de Qom. Les jeunes étudiantes ont même poussé l'audace jusqu'à organiser un sit-in devant le ministère de la Santé à Téhéran afin de faire entendre leurs revendications.

Enfin, l'activité étudiante s'organise également au sein de groupes informels, qui se réunissent une fois par semaine dans des appartements privés ou des villas pour discuter de la situation politique. Les jeunes y débattent des droits des femmes, des relations de l'Iran avec les pays étrangers ou encore de la séparation entre le politique et le religieux. Ces réunions constituent de véritables laboratoires de démocratie pour le pays.

C'est sans doute un des mérites principaux de la mobilisation politique actuelle en Iran que de permettre à la jeunesse de faire, au travers des luttes et dans un cadre qui reste majoritairement celui de la légalité et de la non-violence, l'apprentissage de la démocratie.

Cependant, il faudra aussi compter avec leur impatience, voire leur déception, devant un Parlement qui ne parvient qu'au prix de grandes difficultés à réaliser ses promesses électorales.

Chacun est par ailleurs conscient que l'avenir des réformes est à la merci des fluctuations des rapports de force entre factions à l'intérieur du régime. Un retour de bâton brutal n'est pas à écarter.

Nadia Pizzuti

Nouchine Ahmadi-Khorassani : les chemins du féminisme

Propos recueillis par Delphine Minoui

Nouchine Ahmadi-Khorassani, trente ans, a fondé la maison d'édition Nashr-é towseh (Les Publications du développement). Elle dirige également un magazine mensuel féminin, Djens-é dovom *(Le Deuxième Sexe). Elle dresse ici un tableau des différentes voies prises par la lutte des femmes de la nouvelle génération.*

Vous faites partie de la nouvelle génération de femmes iraniennes, celle qui n'a pas participé à la révolution. Qu'est-ce qui vous différencie de la génération précédente ?

Les femmes qui ont défilé dans les rues au moment de la révolution n'avaient qu'une idée en tête : mettre fin au régime du chah, un système impérial qui ne prenait pas en compte les besoins des classes populaires. Il s'agissait donc d'une mobilisation sociale et politique, qui était collective. Les préoccupations des femmes rejoignaient celles des hommes. Aujourd'hui, la situation a considérablement changé. La République islamique instaurée en 1979 a entraîné une régression des droits des femmes. En s'appuyant sur les normes du droit canon chiite, le *fiqh*, les religieux au pouvoir ont institutionnalisé l'inégalité entre les sexes en matière de divorce, de sanctions pénales, de contraintes vestimentaires. C'est cette pression qui a poussé les femmes à s'organiser et à lancer un véritable mouvement de défense de leurs droits. Ce que veulent les femmes de la nouvelle génération, c'est se voir reconnues comme êtres humains à part entière : avoir accès aux mêmes emplois que les hommes, revaloriser leurs droits, participer au débat public. Il s'agit d'une volonté commune entre toutes les femmes, mais on peut cependant distinguer deux groupes différents : les femmes islamiques et les femmes laïques.

Qu'est-ce qui distingue ces deux groupes ?

Les femmes islamiques ne remettent pas en cause les principes de la révolution. Au contraire, elles se réclament de l'islam pour dénoncer l'injustice de certaines lois qui, selon elles, reposent sur une mauvaise interprétation des textes religieux, comme par exemple la loi sur le divorce. Elles revendiquent plutôt l'idée d'une complémentarité que d'une égalité avec les hommes. Elles acceptent la non-mixité (dans les bus, dans les mariages, dans les salles de gymnastique), mais défendent le principe de l'accès aux mêmes fonctions et aux mêmes loisirs. D'où la création de piscines, complexes sportifs et pistes cyclables accessibles uniquement aux femmes. En revanche, pas question de refuser le port du voile, qu'elles considèrent comme une protection nécessaire pour être acceptées par les hommes. Pour elles, c'est le prix à payer pour être reconnues comme des êtres humains et non comme des objets de désir.
À l'inverse, les femmes laïques considèrent que l'égalité avec les hommes ne doit pas s'obtenir en sacrifiant d'autres valeurs, comme la liberté de se vêtir selon ses goûts. Chez la plupart des jeunes filles de la nouvelle génération, il existe un vrai désir d'en finir avec le manteau et le foulard. Il n'y a qu'à voir la façon dont certaines filles s'amusent à défier les gardiens de la morale religieuse en portant des vestes trois quarts et en laissant déborder un maximum de mèches de leur hedjab*. Néanmoins, sur cette revendication, l'intervention publique des femmes laïques reste limitée, car elles ont conscience qu'il existe des droits plus urgents à conquérir que celui de pouvoir se promener tête nue dans la rue.

Ces droits urgents à conquérir, pouvez-vous nous en parler ?

Il y a notamment un certain nombre de revendications relatives à l'inégalité entre les sexes. Par exemple, en cas de divorce, la garde des enfants revient au père après l'âge de deux ans pour un fils et de sept ans pour une fille. Par ailleurs, les Iraniennes n'ont, dans leur vie conjugale, aucune sécurité affective, puisque le code civil autorise la polygamie. Il existe également des contradictions aberrantes au sein même du droit, comme le constate pertinemment une de nos plus grandes avocates, Shirine Ebadi, qui est devenue la figure de proue de la défense des droits de la femme iranienne. Celle-ci fait remarquer que, selon la loi, une fille est considérée comme une adulte à l'âge de neuf ans tandis qu'un garçon ne l'est qu'à quinze ans. Donc cela veut dire qu'elle peut être mariée dès l'âge de neuf ans. En revanche, elle n'a le droit de vote qu'à partir de seize ans. Il en est de même pour la responsabilité judiciaire. Si une fille de neuf ans vole une bicyclette, elle devra subir la même peine qu'un adulte ; par contre, une jeune fille qui veut quitter le pays ne peut le faire qu'avec l'autorisation de son père ou de son mari.

Il existe bien sûr d'autres inégalités, comme par exemple l'héritage ou le témoignage devant un tribunal. Dans les deux cas, la femme vaut seulement la moitié de l'homme. Par ailleurs, si les femmes sont de plus en plus actives (elles occupent plus de la moitié des emplois du secteur public et plus de 40 % des postes d'enseignement), elles ne peuvent pas accéder à tous les métiers. C'est ainsi que la fonction de juge leur est interdite.

Elles aimeraient également pouvoir avoir accès à certains lieux qui leur restent encore fermés. C'est le cas par exemple des stades de football, qui sont réservés aux hommes.

Peut-on dire qu'aujourd'hui les femmes sont devenues un des moteurs du changement ?

Bien sûr, d'autant plus que la participation des femmes ne se limite plus aujourd'hui au simple exercice du droit de vote. Lors des élections municipales de mars 1999 et des législatives de février 2000, de nombreuses femmes se sont impliquées dans la campagne électorale, soit en soutenant fermement leur mari, soit en se portant elles-mêmes candidates. Le taux de candidature des femmes pour le sixième Parlement a ainsi augmenté de 60 % par rapport au cinquième Parlement, qui avait été élu quatre ans plus tôt.

Aujourd'hui, plus de sept cents femmes occupent un poste de conseiller municipal et onze femmes siègent parmi les deux cent quatre-vingt-dix députés du Parlement. La majorité d'entre elles font cependant partie de ce que j'ai défini comme des féministes islamistes. Elles sont prêtes à se battre pour le droit des femmes, mais toujours dans le cadre de l'islam.
Il faut aussi noter que de plus en plus de jeunes filles se mobilisent. Lors des manifestations étudiantes de juillet 1999, elles n'ont pas hésité à défiler aux côtés des garçons, sans tenir compte des injonctions de séparation des sexes diffusées par les haut-parleurs de la sécurité nationale. Au moment des affrontements entre étudiants et membres des milices islamiques, elles portaient secours aux garçons et leur dispensaient les premiers soins. En dépit des pressions, les jeunes femmes interviennent plus que jamais dans la vie sociale, culturelle et politique du pays. Dans les années à venir, nous aimerions voir se développer des associations indépendantes leur permettant de se réunir et de discuter de leurs droits.

Les femmes parviennent aussi à se faire entendre grâce à la presse féminine, qui s'est largement développée ces dernières années. Vous dirigez depuis deux ans un magazine mensuel, Le Deuxième Sexe.

Avec la création d'une dizaine de revues féminines, nous pouvons en effet aborder une multitude de sujets. Ces revues ont publié de nombreux articles d'avocates iraniennes spécialisées dans le droit des femmes, comme Merenguiss Kâr ou Shirine Ebadi. Elles proposent également des informations pratiques concernant les problèmes de couple, de divorce, d'éducation des enfants, etc. On y trouve aussi des récits de faits divers particulièrement révoltants. Le magazine *Zanân* a rapporté par exemple l'histoire d'Omm ol-Baneyn Kâregar, une jeune femme de vingt et un ans morte sous les coups de son mari, qui l'avait séquestrée et battue pendant douze jours dans le sous-sol de leur maison. Et puis il y a le courrier, qui donne aux lectrices la possibilité d'évoquer leurs problèmes en toute confiance.
Dans ma revue *Le Deuxième Sexe*, j'aborde les problèmes familiaux, les discriminations au travail, les soucis du quotidien. Je

donne également la parole à des femmes d'autres pays, pour montrer que la lutte des femmes n'est pas limitée à l'Iran. Nous publions aussi de temps en temps des traductions de nouvelles.
La dernière nouveauté, c'est la création de journaux féminins sur internet. Le pionnier en la matière s'appelle *Badjens.* Cela signifie « espiègle » en persan, mais c'est aussi un jeu de mots entre *bad* (« mauvais ») et *jens* (« genre »). Cette revue est dirigée par une jeune Iranienne, Mahsa Shekarlou, qui a grandi aux États-Unis et est revenue récemment au pays. Elle offre un regard neuf sur la femme iranienne d'aujourd'hui : plus active, plus entreprenante.

Peut-on dire que la nouvelle génération des femmes est plus audacieuse ?

Oui, sans conteste. Il n'y a qu'à voir avec quelle aisance certaines jeunes filles affrontent les membres des forces de l'ordre chargés des bonnes mœurs. Elles n'ont plus peur de se maquiller dans la rue, d'accoster les garçons, de porter des manteaux cintrés. Elles ne craignent plus de se faire arrêter dans les soirées clandestines. Elles savent qu'au mieux cela se réglera par un pot-de-vin, au pire par une ou deux nuits au poste de police. Celles qui ont vécu les pires humiliations (coups de fouet, contrôle de virginité) sont finalement les plus audacieuses, car elles acceptent de se heurter à nouveau aux obstacles du système. Dès lors, affronter les brigades des mœurs devient une provocation, un défi envers ce qui représente le pouvoir.
En vérité, la nouvelle génération se fiche des valeurs islamiques. Elle a grandi sous un système restrictif, elle a donc appris à vivre avec. La plupart des jeunes filles ont ce qu'elles appellent une « double vie ». Il y a l'espace public et l'espace privé. À l'extérieur, dans la rue, c'est le foulard. À l'intérieur, dans la maison, c'est la minijupe. Je connais une jeune femme qui travaille dans l'administration. Toute la journée elle porte le tchador* noir, mais le soir elle se maquille à outrance et affiche des tenues qui frôlent parfois le vulgaire. Jusqu'à quand ce système contradictoire pourra-t-il durer ? Les femmes qui aspirent à la liberté sont de plus en plus nombreuses, et cela ne se limite plus aux milieux dits « occidentalisés ». De plus en plus de foyers ont accès à la parabole

et à internet. Ils voient comment cela se passe à l'étranger, et du coup cela crée de nouvelles envies, de nouveaux besoins. Aujourd'hui, les jeunes femmes revendiquent leur individualité. Elles doivent s'opposer à la fois au régime, mais aussi très souvent au poids de la famille. Il en résulte une volonté de s'extérioriser et des comportements parfois poussés à l'extrême, comme la fugue ou le suicide, qui ont considérablement augmenté ces dernières années. De son côté, l'État reste aveugle. D'après moi, c'est parce qu'il n'a pas de réponse à ces contradictions. Accepter de voir ces problèmes, ce serait reconnaître que le système de la République islamique a échoué.

Propos recueillis par Delphine Minoui

Voiles et baskets

Shadafarin Ghadirian

Shadafarin Ghadirian, vingt-cinq ans, est née à Téhéran, où elle a suivi une formation artistique à l'université libre. Aujourd'hui, elle se consacre essentiellement à la photographie en studio. Dans un décor rappelant l'époque qadjar, des jeunes filles voilées portent des radiocassettes, des canettes de Pepsi-Cola, et font du vélo.

KID'S
NURIA

3. *Culture : le pouvoir de l'imagination*

Au réel, cinéastes !

Delphine Minoui

Faisant preuve d'une vitalité étonnante, dont les échos se font entendre dans le monde entier, la nouvelle vague du cinéma iranien cherche d'autres voies pour mieux explorer le réel. « C'est ce qui nous distingue le plus de la génération précédente. Les jeunes réalisateurs essaient de coller le plus possible à la réalité. Ainsi, des thèmes qui étaient traités par la métaphore sont abordés avec plus de proximité sur le mode du documentaire », explique Mohammad Shirvani, jeune réalisateur.

Enfoncés dans leurs fauteuils en faux cuir, une demi-douzaine de jeunes attendent leur tour. Nous sommes à l'Institut iranien du jeune cinéma, gigantesque pépinière de jeunes talents. Chaque jour, le directeur, Mohammad Afarideh, voit défiler une dizaine de nouveaux projets de scénarios. « Ici, on essaie de donner aux jeunes les moyens de faire leurs films : des caméras, du matériel sonore, des bancs de montage. Aujourd'hui, nous avons plus de cinq mille réalisateurs entre dix-huit et vingt-cinq ans qui attendent qu'on les aide à produire leurs projets. » C'est ici même que le jeune Bahman Ghobadi a réalisé une dizaine de courts métrages avant de se faire remarquer dans les festivals internationaux avec son premier long, *Un temps pour l'ivresse des chevaux.*

La nouvelle génération des cinéastes iraniens a été formée à bonne école. Avant eux, Abbas Kiarostami et Moshen Makhmalbaf, pour ne citer que les plus connus, ont réussi à imposer un nouveau style cinématographique, entre la réalité et la fiction, révélateur des transformations de la société iranienne après la révolution islamique de 1979. À l'inverse des réalisateurs prérévolutionnaires, ils ont préféré dans leurs films la défense d'une pensée humaniste à toute forme de militantisme politique[1]. Ils ont appris à jongler habilement avec les contraintes de la censure en intégrant souvent des enfants comme personnages principaux de leurs films. Figures de l'innocence et de la pureté, ces derniers se sont faits les porte-parole d'une pensée que l'on n'aurait pas tolérée si elle avait été incarnée par des personnages adultes.

Les réalisateurs de la nouvelle génération ont grandi dans un contexte différent. Ces enfants de la révolution n'ont pas participé aux événements fondateurs de la République islamique. Contrairement à Makhmalbaf, qui a récemment troqué la casquette du militant islamiste contre celle du réformateur, ils n'ont pas vécu ce rapport de proximité avec la révolution. En revanche, ils sont mieux en mesure d'observer les impasses et les contradictions du système. Ils font preuve d'une maturité étonnante, sans doute liée à une enfance marquée par la terrible guerre avec l'Irak.

Ces jeunes ont commencé à faire des films dans un contexte de relative détente culturelle. Ils ont bénéficié de l'assouplissement de la censure cinématographique dès la seconde partie des années 1990. Il est loin le temps où cette dernière était dirigée par un religieux aveugle qui se faisait raconter les scènes des films pour décider des coupes à effectuer. Aujourd'hui, les cinéastes ne sont même plus obligés de soumettre leur scénario aux gardiens de la morale islamique avant le premier coup de manivelle. Il en résulte des films plus engagés, qui dénoncent à l'occasion certaines aberrations du système politique iranien. À titre d'exemple, quand le réalisateur Ali Mohammad Qassémi montre un abattoir dans son film *So Far*, c'est avant tout pour mettre l'accent sur la cruauté des récents assassinats politiques.

Les films de la jeune génération s'intéressent également aux problèmes des minorités, trop souvent oubliées en Iran. Ainsi Bahman Ghobadi *(Un temps pour l'ivresse des chevaux)* a-t-il pris le parti de parler des Kurdes, tandis que Hassan Yektapanah *(Djomeh)* s'est penché sur la communauté des réfugiés afghans en Iran.

1. À ce titre, voir le précieux ouvrage de Hormuz Kéi, *Le Cinéma iranien. L'Image d'une société en bouillonnement*, Karthala, 1999.

Un peu de douceur

« Aujourd'hui, nous devons faire le deuil du deuil en Iran. » À vingt-sept ans, Massoud Bakhshi préfère regarder vers l'avenir. Contre la mort, dont l'image est omniprésente dans l'espace public iranien, *via* les nombreuses peintures de martyrs, ce jeune réalisateur défend la vie. Malgré ses galères budgétaires, malgré la censure qui a refusé au mixage la belle voix de la chanteuse Omeyra, il a réussi à terminer son film, dont le personnage principal est une femme. « Quand j'étais petit, il y avait ce qu'on appelait le cinéma de guerre. On nous montrait toujours des images de blessés et de morts. C'était une ambiance masculine, remplie de violence. Aujourd'hui, on a envie de montrer un peu plus de douceur, de s'attarder sur des sujets qui nous concernent de plus près », explique Massoud.

Le parcours cinématographique de Mohammad Shirvani, vingt-six ans, rejoint également cette sensibilité. Son premier court métrage, *Le Cercle*, évoque la vie d'un vieil homme qui cherche à s'échapper de la routine du quotidien. En l'espace d'une journée, il va mettre son pied en dehors du cercle pour retrouver les plaisirs de l'enfance : rire, courir, jouer au cerceau. « J'ai voulu montrer que nous sommes tous condamnés à vivre dans un cercle, explique Shirvani. Mais il est possible d'en sortir, pour respirer un peu, pour prendre le temps de vivre. Bien sûr, on ne peut rester pour toujours en dehors du cercle. Ce serait une forme de suicide. Mais, en Iran, il est important d'apprendre à se donner de la distance par rapport aux difficultés de la vie. »

Sur les écrans iraniens, jamais les films traitant de la passion amoureuse n'ont été aussi nombreux. Il s'agit, pour la plupart, de films relatant les difficultés de la jeunesse dans les relations de couple, notamment avant le mariage. Mohammad Shirvani s'est attaqué à cette thématique dans son dernier court métrage, *La Candidate*. Une mère de famille, à la recherche d'une femme pour son fils, aborde les étudiantes à la sortie de l'université de Téhéran. À travers les jeunes filles rencontrées, c'est toute la société iranienne qui défile : femmes mariées, jeunes filles vierges, femmes émancipées. La dernière scène montre la mère, chez elle, accrochant les photos des filles sélectionnées sur son mur. Puis la caméra se dirige vers un autre coin de la pièce, et l'on découvre la photo du fils entourée d'un ruban noir. « C'est un film qui cherche à montrer la réalité de la société iranienne d'aujourd'hui : une société qui ne parvient pas à se détacher de son passé proche mais qui essaie en même temps de jongler avec les exigences du quotidien : avoir une bonne situation, trouver une femme, se marier, explique Mohammad Shirvani. C'est peut-être ce qui nous distingue le plus de la génération précédente. Aujourd'hui, les jeunes réalisateurs essaient de coller le plus possible à la réalité en entrant directement dans certaines thématiques sociales. Ainsi, des sujets qu'on approchait d'habitude par la métaphore sont traités avec plus de proximité sur le mode du documentaire. » Cette démarche a valu à Mohammad Shirvani le prix des Fictions du réel du Festival international de documentaires de Marseille, en juin 2000.

Depuis, le jeune réalisateur s'est lancé, avec un ami scénariste, dans une nouvelle aventure, le cinéma Max. Le projet Max, mot qui signifie « pause » en persan, consiste à établir une liste de sujets liés aux problèmes du quotidien iranien, de préférence dans les grandes villes. « Histoire d'en finir avec les éternels sujets d'enfants dans les villages, largement exploités par la génération précédente », conclut Mohammad Shirvani.

Il est vrai qu'il y a de quoi faire car, comme le remarque Massoud Bakhshi, « en Iran, c'est la vie qui crée le cinéma. On n'a pas besoin d'inventer des histoires. Elles remplissent les rues ».

Delphine Minoui

Bahman Ghobadi, l'ivresse de la vie

Propos recueillis par Delphine Minoui

À trente et un ans, Bahman Ghobadi a fait le tour de la planète avec son premier long métrage, Un temps pour l'ivresse des chevaux. *Le film a été primé dans de nombreux festivals internationaux. Il montre de jeunes orphelins contrebandiers à la frontière avec le Kurdistan irakien. Un travail entre le documentaire et la fiction.*

L'année 2000 restera une année de référence pour le cinéma iranien, qui a remporté de nombreux prix dans les festivals internationaux. À Cannes, ce sont trois jeunes réalisateurs qui ont été récompensés : Samira Makhmalbaf (Le Tableau noir) *avec le prix du Jury, Hassan Yektapanah* (Djomeh) *et vous-même* (Un temps pour l'ivresse des chevaux) *avec le prix (ex-aequo) de la Caméra d'or. Cela veut-il dire que la nouvelle génération est en train de prendre la relève du cinéma iranien, qui s'est déjà fait remarquer avec Abbas Kiarostami ?*

Nous vivons dans un pays où la tradition de l'image est très forte. Avant nous, des réalisateurs comme Kiarostami ont réussi à prouver que, malgré la censure postrévolutionnaire, il y avait de quoi faire un cinéma digne de ce nom. Avec les limitations imposées sur de nombreux sujets (les relations amoureuses, la violence, la tenue des femmes), ils sont devenus experts en paraboles et métaphores. Cela leur a finalement donné l'occasion de privilégier un cinéma esthétique et d'éviter l'influence du cinéma commercial américain.

© ISABELLE ESHRAGHI/VU

Notre génération a hérité de cette culture de la suggestion, même si les récentes ouvertures culturelles nous permettent d'avoir une approche plus directe sur certains sujets d'ordre social. C'est peut-être cela qui nous distingue finalement le plus de nos prédécesseurs. Nous avons une approche plus réaliste dans le traitement de nos sujets. Mais il est difficile de généraliser. Je crois qu'en fait nous sommes différents de la génération précédente tout simplement parce que nous avons vécu des expériences différentes. De façon générale, nos aînés ont participé de près ou de loin à la révolution de 1979. Ils ont été indirectement impliqués dans le mouvement collectif de renversement du chah. Nous, nous sommes arrivés après. Notre génération a tendance à privilégier les expériences personnelles aux mouvances de groupe. C'est un peu comme ça d'ailleurs que j'ai commencé à faire du cinéma, alors que je vivais dans une petite ville du Kurdistan iranien, Bané. C'était plus une coïncidence qu'un chemin directement tracé. Je me destinais en fait à une carrière de lutteur professionnel, selon les exigences de mon père. Sur le chemin qui séparait le stade de la maison, il y avait un labo photo. Après avoir sympathisé avec le propriétaire, j'ai commencé à faire de la photographie. Je me suis alors passionné pour l'image et j'ai décidé de m'inscrire dans une association pour faire des films. C'est comme ça que je me suis mis à faire du cinéma, un peu par accident, un peu par hasard. Et puis, après, j'ai eu la chance d'être l'assistant de Kiarostami sur son film *Le vent nous emportera.* J'ai beaucoup appris avec lui, mais aujourd'hui ma façon de tourner est très différente de la sienne, tout simplement parce que nous n'avons pas eu les mêmes expériences de la vie.

Pour votre premier long métrage, vous avez choisi de traiter un sujet délicat, celui de jeunes trafiquants au Kurdistan iranien, à la frontière avec l'Irak. Comment vous est venue l'idée de ce film ?

Pendant ces cinq dernières années, j'ai tourné une dizaine de courts métrages sur des sujets très variés. En tant que Kurde iranien, il m'a paru important de réaliser un tournage au Kurdistan. On connaît très peu de choses du peuple kurde. Les Kurdes constituent une nation sans État. Ils sont environ trente millions, répartis entre l'Iran, l'Irak, la Turquie et la Syrie. En Iran, il y a dix millions de Kurdes. Ils habitent à l'ouest du pays et, contrairement aux autres, sont plutôt bien intégrés à la population. Mais ils ont d'autres souffrances... Un jour, alors que je faisais des repérages au Kurdistan iranien pour un documentaire sur la police qui contrôle les contrebandiers à la frontière avec l'Irak, j'ai fait la découverte d'un groupe d'enfants. Ils travaillaient tous dans des conditions très difficiles pour gagner leur vie. J'en ai alors fait un court métrage, *Vivre dans le brouillard.* Il m'a ensuite paru évident qu'il fallait approfondir ce sujet. La situation à la frontière est très mal connue. J'ai voulu en rendre compte sous forme d'un film. Chaque jour, il y a un va-et-vient incroyable entre l'Iran et l'Irak. Toutes sortes des marchandises circulent clandestinement entre les deux pays : des pneus de voiture, des pellicules photo, du matériel électronique, des pistaches. L'été, le transport des marchandises se fait en voiture et, l'hiver, la neige oblige les trafiquants à emprunter la route à dos de cheval. C'est comme cela que de nombreuses personnes gagnent leur vie. Les enfants ne sont pas épargnés. Ils sont nombreux, entre douze et dix-huit ans, à faire ce genre de travail. La plupart d'entre eux ont abandonné l'école. Ils prennent des risques au quotidien, car la frontière avec l'Irak est couverte de champs qui n'ont pas été déminés depuis le conflit irano-irakien. Tous les mois, une dizaine d'enfants sautent sur des mines à la frontière. Mais personne n'en parle. En fait, la notion de risque a été complètement intégrée, là-bas. Quand les trafiquants partent le matin, leurs familles ne sont pas sûres de les revoir le lendemain. Les enfants eux-mêmes ne mesurent pas le danger de leur activité. Comme il s'agit de leur seule ressource financière, ils ne se posent pas de questions. Ils ont oublié ce que veut dire la mort. Ce sont de petits adultes. Ils ont grandi très vite.

Le titre, Un temps pour l'ivresse des chevaux, *fait bien sûr référence aux chevaux qu'on soûle l'hiver pour qu'ils résistent au froid, comme on le voit dans le film. Mais, au-delà, peut-on aussi y lire la référence à un temps nécessaire pour fuir la difficile réalité du quotidien iranien ?*

Chacun est libre d'interpréter le film à sa façon. Mais, pour moi, ce temps, c'est d'abord un temps pour découvrir le peuple kurde iranien, si peu connu. Ce temps, c'est aussi et surtout celui de l'ivresse des enfants. Malgré tous les problèmes qui s'abattent sur eux, ils ne baissent pas les bras, ils continuent à s'enivrer de la vie. Ils sont prêts à remuer ciel et terre pour prolonger la vie de leur petit frère atteint de nanisme, dont les jours sont comptés. Aujourd'hui, on a tendance à oublier la valeur de la vie. Surtout quand on habite dans une grande ville, où la société de consommation nous a détournés de ce genre de préoccupations. Ces jeunes enfants nous ramènent à la réalité. Ils vivent à fond. Ils apprécient leur existence, même si elle est difficile, car ils ont fait le choix de vivre, de résister. Ce film est donc finalement un hommage à la vie. Malgré toutes les situations dramatiques qu'ils rencontrent, ces enfants nous apprennent à aimer la vie comme elle se présente à nous.

Dans ce film, on est vraiment entre le documentaire et la fiction. Pourquoi avoir choisi ce point de vue ?

À l'origine, il s'agit d'une histoire réelle, donc il était important pour moi d'en parler de la façon la plus vraie, la plus directe. C'est le meilleur moyen de toucher les gens, de rester dans la véritable émotion, sans tomber dans la complaisance ni le mélodrame. C'est pour cela que j'ai tenu à ce que la plupart des enfants jouent leur propre rôle. Il y a également plusieurs scènes que l'on a filmées caméra sur l'épaule, comme un documentaire. Du coup, nous sommes en permanence dans l'action, non pas comme des spectateurs passifs mais comme témoins d'un événement particulier. Nous vivons l'histoire, nous ne la subissons pas. J'ai également décidé de tourner avec une équipe réduite et un chef opérateur très jeune, pour laisser la place à l'expérimentation et ne pas rentrer dans des cadres de tournage préétablis.
Pourtant, il s'agit en même temps d'un vrai film, au sens cinématographique du terme. Il y a une histoire qui est construite et un scénario que j'ai structuré avant de commencer le tournage. J'ai mis deux hivers à faire le film pour pouvoir tourner sous la neige, selon les exigences du scénario. Cela a d'ailleurs été très difficile, car le producteur m'a abandonné en plein milieu de parcours.

Quelles sont les conditions de travail aujourd'hui en Iran en matière de cinéma ?

Nous avons beaucoup moins de problèmes de censure que la génération précédente. À titre d'exemple, nous ne sommes plus contraints de faire lire notre scénario avant de démarrer un tournage. Bien sûr, il existe encore de nombreuses limites que tout le monde connaît. Le sexe, la violence, la religion, sont toujours tabous. Mais nous avons intégré ces limites. Elles ont même contribué à développer notre esprit créatif. Et c'est sûrement ce qui explique aujourd'hui la spécificité du cinéma iranien.
En revanche, nous devons faire face à de nombreux problèmes économiques. La Fondation d'État Farabi, qui avait l'habitude de

soutenir de nombreux projets de films d'art et d'essai, préfère désormais se tourner vers la production d'amourettes à l'eau de rose, plus rentables. Il faut alors s'adresser à des producteurs privés, souvent frileux s'il s'agit du premier film d'un jeune réalisateur. De même pour les producteurs étrangers, qui préfèrent les grosses pointures comme Kiarostami ou Makhmalbaf. Reste l'autofinancement. C'est ce que j'ai fait lorsque mon producteur m'a lâché. Cela n'a pas été facile. J'ai dû emprunter de l'argent à droite et à gauche ; j'ai même hypothéqué des biens familiaux. Aujourd'hui, le succès du film à l'étranger m'a permis d'éponger mes dettes. Avec l'argent qui reste, j'ai même décidé de construire une école au Kurdistan. J'ai également acheté douze mille livres pour ouvrir des petites bibliothèques. L'enseignement est fondamental. Il garantit l'épanouissement de la prochaine génération.

Comment s'est faite la diffusion du film en Iran et quel en a été l'impact ?

Le film a été diffusé dans les grandes villes du pays. J'ai tenu à ce que les premières projections se fassent au Kurdistan. Pour la diffusion dans les villages, j'avais loué trois camionnettes avec mon frère, et nous avons organisé des projections vidéo gratuites un peu partout. C'était très touchant de voir la réaction des gens, car ils n'avaient jamais vu, pour la plupart, ni la télévision ni de film au cinéma. Pour les enfants du film, c'était aussi la première fois qu'ils s'asseyaient devant un grand écran. Ça les a étonnés de se voir à l'image. À la fin de la projection, ils sont venus vers moi et ils m'ont juste dit : « Félicitations. » En fait, ils ne savaient pas trop quoi penser.

De façon générale, la réaction du public kurde a été très bonne, non pas pour le film, mais pour son impact au niveau international. Les Kurdes sont très fiers qu'un jeune réalisateur de chez eux ait pu percer. Tout d'un coup, ils ont eu cette sensation de sortir de l'anonymat. Car il est vrai que, lorsque l'on parle de l'Iran à l'étranger, on fait rarement référence à la diversité ethnique de ce pays. Or seulement la moitié de la population est composée de Persans. Le reste des Iraniens se répartit entre les Kurdes, les Turcs, les Azéris, les Baloutches, etc.

Aujourd'hui, les jeunes réalisateurs iraniens voyagent plus facilement à l'étranger que la génération précédente. Pensez-vous que le contact avec des cinéastes d'autres pays et le visionnage de nombreux films risquent d'influencer leur travail ?

Franchement, non *(rires)*. Même dans les périodes les plus difficiles, les vidéos pirates de films occidentaux ont toujours circulé sous le manteau en Iran. Il existe un marché parallèle tel que nous pouvons visionner les films américains bien avant leur sortie en France. Et puis, en ce qui me concerne, lorsque je voyage, je préfère discuter avec les gens plutôt que de m'enfermer au cinéma. Les évolutions du cinéma iranien trouvent plutôt leur explication dans l'émergence de nouveaux jeunes réalisateurs, qui sont en train de créer un nouveau langage cinématographique, mais sans véritable rupture avec le principe d'un « cinéma du réel » imposé par la génération précédente. En ce qui me concerne, j'ai décidé de poursuivre dans cette lignée avec mon prochain film, qui traite des femmes kurdes.

Propos recueillis par Delphine Minoui

Samira Makhmalbaf, vingt et un ans, prix du Jury à Cannes

Delphine Minoui

Un portrait de la plus jeune lauréate dans l'histoire du festival.

Elle glisse le long des murs comme une ombre dans le vent. Avec son manteau noir et son foulard qui laisse aux mèches la liberté de goûter à l'air frais de cette matinée, elle ressemble à toutes les jeunes filles de la capitale iranienne. À cheval entre la tradition et la modernité.

À vingt et un ans, Samira Makhmalbaf en est à l'écriture de son troisième long métrage. À dix-huit ans, elle recevait déjà les honneurs de la presse iranienne et internationale avec son premier film, *La Pomme*, inspiré d'une histoire vraie : la vie de deux petites filles séquestrées par leur père à Téhéran. Pour son deuxième long métrage, *Le Tableau noir*, elle s'est attaquée à un sujet tout aussi symbolique, celui d'instituteurs égarés dans les montagnes du Kurdistan à la recherche de nouveaux élèves. L'un d'eux va croiser un groupe d'enfants transportant des marchandises de contrebande le long des précipices. L'autre rencontre des vieillards pressés de retrouver leur village d'Irak bombardé à l'arme chimique par le dictateur irakien Saddam Hussein. Mais les Kurdes ont d'autres préoccupations que d'apprendre à lire et à écrire...

Samira doit beaucoup à son drôle de père, le cinéaste Moshen

Makhmalbaf. Ce grand défenseur des réformes, qui vient de signer un documentaire intitulé *Tester la démocratie*, était il y a encore vingt ans un fervent défenseur de la révolution islamique, qu'il honorait dans ses films de propagande. Mais les temps ont changé, et l'ancien militant islamiste place aujourd'hui tous ses espoirs dans la génération née après la révolution.

Grâce à lui, la plus jeune lauréate dans l'histoire du festival de Cannes (elle a reçu le prix du Jury en mai 2000 pour *Le Tableau noir*) connaît tous les secrets du cinéma. Toute petite, elle accompagne son papa sur les tournages. À huit ans, elle décroche son premier rôle dans *Le Cycliste*, film de Moshen Makhmalbaf. C'est donc logiquement qu'elle devient ensuite l'assistante de son père sur plusieurs de ses films.

À force de faire l'école buissonnière, elle décide d'arrêter le lycée avant de passer son bac. Elle devient alors une des élèves de l'école de cinéma Makhmalbaf, fondée en 1996 par Moshen lui-même : une école familiale plus qu'un véritable institut. Samira a comme compagnons de classe son frère Meysam, quinze ans, sa sœur Hanna, huit ans, sa tante Marzieh Meshkini (devenue la nouvelle femme de son père après le décès de sa mère) et quelques amis de la famille. Faute de subventions du ministère de la Culture, l'école installe ses bureaux dans la maison même des Makhmalbaf. Pas question de dispenser uniquement des cours théoriques sur les techniques de la réalisation. Moshen Makhmalbaf met l'accent sur l'apprentissage de la vie. Chez les Makhmalbaf, il est aussi important de savoir conduire une voiture, de faire du sport et de parler anglais que de rédiger un scénario et de faire le montage et le mixage d'un film. En l'espace de quatre ans, la tribu Makhmalbaf s'impose ainsi rapidement dans le petit monde du cinéma iranien. Samira réalise *La Pomme* et *Le Tableau noir*. Marzieh Meshkini fait son premier film, *Le jour où je suis devenue une femme*, qui traite de la condition féminine en République islamique d'Iran. Meysam se spécialise dans la prise d'images et le montage ; il tourne également un documentaire sur les coulisses du dernier film de Samira. Hanna, la plus petite, dirige son premier film, *Le Jour où ma tante était malade*. Ils participent également tous en tant qu'assistants au tournage du *Silence*, le dernier film de Moshen.

Samira considère cette transmission du savoir par le père comme un élément positif : « Ce n'est pas une soumission. Au contraire, c'est une façon de mieux se former l'esprit pour ensuite développer sa propre personnalité. »

Comment vit-elle sa condition de jeune femme iranienne ? Une question sans cesse posée et reposée par les journalistes occidentaux. Son mode de vie, de créer, d'inventer, constitue sans doute sa meilleure réponse : elle fait... avec. Avec intelligence, avec adresse, avec lucidité, avec élégance. Elle sait que, comme toutes les jeunes filles, elle doit systématiquement demander l'autorisation à son père pour partir en voyage. Elle sait aussi qu'elle doit en permanence porter ce foulard sur la tête. « Je n'arrive encore pas à m'y habituer. C'est terrible de devoir toujours supporter quelque chose qui vous recouvre une partie du corps. » Quand elle est à l'étranger ? Elle le garde, en le nouant joliment derrière les oreilles, au milieu des décolletés et des jupes fendues des festivals.

Delphine Minoui

Théâtre : réinventer la vie

Delphine Minoui

Pour les jeunes metteurs en scène, le théâtre constitue non seulement un moyen de s'exprimer au-delà des discours officiels, mais surtout un outil pour explorer la vie, l'individu, pour réinventer une identité. Alors, dans un pays culturellement étouffé pendant vingt ans, ils cherchent, bricolent, expérimentent tous azimuts. Un soir, dans le plus grand théâtre de Téhéran, voyage au centre d'un volcan... en pleine activité.

Il est 17 heures et déjà une longue queue se profile devant le Théâtre de la Ville, situé en plein centre de Téhéran, sur la grande avenue Vali Asr, l'avenue du Maître-du-Temps. Un groupe d'étudiantes en tchador* patientent calmement derrière le guichet pour acheter leurs billets. Derrière elles, deux garçons en jeans et casquette attendent leurs petites copines, qu'ils viennent d'appeler sur leurs portables. Professeurs d'université, intellectuels et jeunes employés de bureau se sont également passé le mot pour venir assister à l'un des trois spectacles que propose le plus grand centre théâtral de Téhéran, dont les ouvertures politiques récentes ont favorisé la renaissance. Entre la version persane d'*Arturo Ui*, de l'Allemand Bertolt Brecht, et *La Pantomime sur un tapis persan*, signée par Sirous Chamlou, fils du plus grand poète iranien du XXe siècle, il y a de quoi hésiter.

Mais c'est pourtant le troisième spectacle, mis en scène par une jeune troupe d'amateurs, qui attire ce soir les foules. Il s'agit de la première des *Nègres*, de Jean Genet, pièce qui n'a jamais été montée depuis la révolution de 1979.

Un nouveau souffle

Première à gauche en bas d'un escalier. Un petit corridor noir éclairé à la bougie. C'est là que le spectacle commence. « On nous l'a dit, nous sommes de grands enfants. Mais alors quel domaine nous reste-t-il ? Le théâtre ! » Une voix sortie des ténèbres engage les spectateurs à rejoindre un nouvel espace, inauguré pour l'occasion : une sorte de cave obscure, baptisée paradoxalement la Maison du soleil. Mais ce n'est que le début des surprises. Tout au long de la pièce, une jeune comédienne, les cheveux recouverts d'un petit bonnet, tient son rôle la tête à l'envers et les pieds accrochés au plafond, pendant que les autres acteurs échangent leurs dialogues en criant. Les mots sont crus et participent à cette ambiance hystérique, que vient pourtant adoucir de temps en temps le chant sensuel et audacieux d'une autre comédienne[1].

Ce nouvel élan théâtral, les Iraniens le doivent avant tout à Mohammad Khâtami, élu à la présidence en 1997. De nombreux metteurs en scène, voués au silence depuis la révolution, ont pu faire leur réapparition, comme le grand dramaturge Bahram Beyzaï, auteur d'une trentaine de pièces de théâtre. La censure s'est également assouplie sur le choix des textes, surtout ceux provenant de l'étranger. Beckett, Brecht, Sartre, Camus, ont retrouvé droit de cité. Mis à part le grand Théâtre de la Ville de Téhéran, d'autres lieux de spectacles ont développé leurs activités : centres culturels, salons de théâtre universitaires et salles polyvalentes en province. Trois nouveaux théâtres viennent également d'achever leur construction, à Chiraz, Machhad et Ispahan. Depuis trois ans maintenant, le festival de théâtre de Fadjr accueille, dans le cadre de sa nouvelle programmation internationale, des troupes d'autres pays (Italie, Allemagne, Arménie, Inde, France, etc.). C'est dans ce contexte d'ouverture culturelle que les comédiens des *Nègres* ont finalement décroché, après deux ans de répétition, l'autorisation finale de la fameuse commission de censure qui dépend du ministère de la Culture et de l'Orientation islamique.

« Le théâtre, c'est comme un défouloir, explique un des comédiens de la troupe. Il y a d'abord les improvisations qui nous permettent d'extérioriser nos rancunes vis-à-vis du système. Il y a aussi cette possibilité de créer de véritables échanges dans un pays où les occasions de rencontres entre les jeunes restent souvent

1. Depuis la révolution, les femmes n'ont l'autorisation de chanter devant un public mixte qu'à condition qu'elles fassent partie d'un chœur. Sinon, elles ne peuvent se produire en solo que devant des femmes.

restreintes au milieu familial ou universitaire. C'est également une manière de travailler sur soi, de mieux se découvrir et de mieux se comprendre, ce que la société iranienne nous donne très peu l'occasion de faire. C'est la liberté des esprits. »

Du côté des spectateurs, les salles sont majoritairement remplies de jeunes étudiants qui viennent chercher ce que ni la musique ni le cinéma ne parviennent à leur offrir de manière aussi spontanée : un miroir de la société iranienne.

Avec son manteau court, son foulard rose bonbon et ses lunettes de soleil, Soudabeh a plus des airs de starlette égyptienne que d'intellectuelle férue de théâtre. Cette jeune étudiante en arts plastiques se rend au moins trois fois par mois au théâtre. Bien sûr, le coût d'une place de spectacle équivaut à trois billets de cinéma, soit 1 000 tomans (à peu près 10 francs), mais l'enjeu est différent. « Au théâtre, on a l'impression de ne pas être pris pour des idiots. Il y a moins de mensonge. Cela est sûrement facilité par le rapport de proximité entre les spectateurs et la scène. Du coup, les comédiens peuvent parler d'une façon plus directe. Deux sujets m'intéressent particulièrement : l'amour et la critique sociale. C'est ce qui nous manque le plus au quotidien. Mais je viens d'abord chercher ce que je ne peux pas lire dans la presse, surtout depuis que les conservateurs essaient d'étouffer les journaux libéraux. Le théâtre m'offre une lecture de la situation de mon pays. Une des pièces qui m'ont le plus marquée, c'est *Calcutaga*, de Sirous Chamlou. Dans cette pièce, un des personnages dénonce l'impunité des assassinats en série d'intellectuels à l'automne 1998. La critique est rarement aussi directe, bien sûr, et on privilégie souvent la métaphore. Ainsi, quand je vois *Antigone* montée en Iran, je ne peux m'empêcher de penser à la lutte des femmes iraniennes pour plus de droits et de reconnaissance. »

Une liberté à haut risque

Applaudissements. Rappels. Après deux heures et demie de spectacle, le public en redemande. Dans leur souterrain du Théâtre de la Ville, la descente aux enfers des *Nègres* valait le détour. Assis dans les coulisses, Hamed, casquette à la Gavroche et pantalon en velours, déchire nerveusement un bout de papier. Fraîchement diplômé en technologie de l'université de Téhéran, il est le metteur en scène des *Nègres*. Malgré ses craintes, la première s'est bien déroulée. La pièce devrait donc pouvoir tenir l'affiche pendant un mois sans trop de problèmes. Car l'aval des censeurs ne suffit pas toujours pour la survie d'un spectacle. Il arrive encore que des membres du Hezbollah* s'introduisent dans la salle et cherchent à interrompre le spectacle, pour une tirade trop audacieuse, une mèche de cheveu qui déborde ou un mouvement trop dansé. C'est ce qui s'était d'ailleurs passé pour *Calcutaga*, dont les représentations avaient été suspendues dès le deuxième soir.

« Faire du théâtre en Iran, c'est une forme de résistance. Nous faisons partie d'une génération un peu perdue. Nous n'avons pas participé à la révolution de 1979, car nous étions soit trop jeunes, soit pas encore nés. Aujourd'hui, nous représentons la moitié de la population iranienne. Pour résister, Jean Genet écrivait des textes. Nous, nous montons des pièces. » Comme un enfant qui récite sa leçon, Hamed fait en quelques minutes le résumé des rares informations qu'il a réussi à récolter sur celui qu'il considère désormais comme un maître à penser.

Cette conquête de la liberté de créer n'est pas sans risque. À l'automne 1999, deux jeunes étudiants écrivent une petite pièce de théâtre intitulée *Le Concours et l'Heure de l'apparition*, qui paraît dans la revue étudiante *Mowdj* (La Vague). La pièce présente un dialogue entre Abbas, jeune *bassidji* (milicien volontaire islamique), et le douzième imam* chiite, l'imam Mehdi, appelé l'Imam caché[2]. Ayant perdu tout espoir en l'avenir, Abbas ironise sur les chiites qui attendent en vain la justice promise par le dernier imam. Il met en cause les religieux et le bien-fondé de la révolution, dont son père a été une des nombreuses victimes. Ce texte, qui dresse un panorama sans concession du désarroi de la jeunesse iranienne, a mis certains mollahs* de la ville sainte de Qom en fureur. Ils ont assimilé ses deux jeunes auteurs à Salman Rushdie et ont réclamé leur mise à mort. Condamnés à des peines de prison pour avoir

2. Mehdi, dit l'Imam caché, est particulièrement vénéré par les Iraniens, majoritairement chiites. Disparu au VIIe siècle à l'âge de cinq ans, il est censé revenir pour sauver le monde de l'injustice.

« blasphémé l'islam », les deux étudiants ont été gardés plusieurs semaines derrière les barreaux.

Naissance d'une identité

Klaxons. Embouteillages et pollution. Il est 20 heures et l'activité bat encore son plein au carrefour Vali Asr, où trône le Théâtre de la Ville. Après avoir donné un dernier coup de balai dans la salle de spectacle, Hamed s'engouffre dans l'avenue Enqélâb (avenue de la Révolution) et saute à l'arrière d'un taxi collectif. Collé à la vitre, le jeune artiste regarde défiler Téhéran : l'université, gigantesque campus d'où sont parties les émeutes étudiantes l'été précédent et où se déroule chaque semaine la prière du vendredi, les librairies, les *kébabi*[3], les marchands de journaux, les petits vendeurs de rue avec leurs cartons remplis de chewing-gums, de jus de fruits ou de chemises de contrefaçon portant l'étiquette « Made in USA ». « Notre pays est un mélange de tout et de rien, constate Hamed, amer. C'est ça notre principal problème. Nous avons besoin de retrouver notre identité. » C'est cette même identité qu'il recherche aujourd'hui à travers le théâtre. Sa mise en scène des *Nègres* est le fruit de plusieurs mois de répétitions basées essentiellement sur des improvisations s'inspirant d'événements concernant l'Iran, mais aussi de techniques théâtrales étrangères péniblement dénichées au fond d'une bibliothèque. Car l'Iran a été coupé culturellement du monde pendant vingt ans. Hamed a remué ciel et terre pour se procurer un livre de l'auteur polonais Jerzy Grotowski, père du « théâtre pauvre », dans lequel il a puisé toute une série d'exercices. Il s'agit pour chaque acteur de créer son propre langage de sons et de gestes, de la même manière qu'un poète crée son propre langage de mots. Chaque comédien utilise son rôle comme tremplin pour étudier, dit Hamed, « ce qui est caché derrière notre masque quotidien ». Le théâtre devient un moyen de s'affirmer, de se découvrir. De bricoler, d'expérimenter. De tout détruire pour tout reconstruire.

3. Les *kébabi* sont des petits restaurants spécialisés dans la vente de kebabs, c'est-à-dire de brochettes.

« Dans un pays où les hommes et les femmes ne peuvent même pas se toucher au théâtre et où la beauté féminine ne doit pas être mise en valeur, nous devons réinventer de nouveaux codes », explique Hamed. Ici, une comédienne va remplacer son foulard par une épaisse perruque en laine pour cacher ses vrais cheveux... Là, un jeune homme censé faire la cour à une femme ne la touchera pas mais lui adressera des sourires évocateurs sur fond de musique romantique sans jamais l'approcher à moins d'un mètre. Si ce genre de scène frôle parfois le ridicule, les artistes iraniens font plus que jamais preuve d'inventivité pour détourner délicatement les interdits. « Tout est possible en Iran, à partir du moment où l'on dépasse la contrainte pour créer une nouvelle poésie. Regardez le metteur en scène Ali Rafii. En montant une pièce aussi sensuelle que *Noces de sang*, de Federico Garcia Lorca, il a joué avec les signes pour éviter toute sorte de censure. Sa pièce oscille entre deux couleurs : le noir, symbole de la mort, et le blanc, symbole de la pureté. Entre ces deux tonalités, il a intégré des taches de rouge, symbole de la passion : un bouquet de fleurs, une pomme, un mouchoir. Pour évoquer l'étreinte entre les deux amants, il a eu recours à un procédé judicieux : la traîne blanche devient l'objet qui passe de main en main, que les amoureux caressent et enlacent jusqu'à la déchirer, sans jamais se toucher. »

Reste tout de même un sujet délicat, celui de la danse. Elle est formellement interdite depuis la révolution. Pour combler cette absence, les autorités iraniennes ont inventé une nouvelle expression, *harekat-é mozoun*, littéralement « mouvements harmonieux », sorte de compromis entre la gymnastique et le ballet. Ali Rafii s'en est d'ailleurs inspiré pour adapter le flamenco de sa pièce aux normes iraniennes : des mouvements de bras saccadés, détachés de toute sensualité. Les jeunes metteurs en scène songent pourtant à réformer ce style. Dans la pénombre des souterrains du Théâtre de la Ville, Hamed passe déjà plus de la moitié du temps des répétitions de sa prochaine pièce à travailler sur la « parole du corps » avec ses comédiens.

Delphine Minoui

Au café Shouka

Peyman Houchmandzadeh

Photographe indépendant, Peyman Houchmandzadeh a posé son regard au café Shouka, le repère branché des jeunes de Téhéran. L'alcool y est bien sûr proscrit, mais on peut y consommer du Nescafé, des glaces à l'eau de rose et des gâteaux à la cannelle, tout en lisant le journal. Le café fait également office de galerie d'art et de librairie pour jeunes poètes, qui proposent une lecture libre de leurs nouvelles œuvres. Depuis l'ouverture de Shouka il y a trois ans, les *coffee shops* et les cafés internet ont poussé comme des champignons à Téhéran.

Des plumes pour le dire

Traduction de Média Kachigar

Les poèmes et nouvelles des jeunes auteurs iraniens paraissent régulièrement dans les quelques revues culturelles indépendantes qui accordent une large place à ce genre d'écrits. Depuis 1997, l'assouplissement de la censure leur permet d'être publiés sous forme de recueils vendus en librairie. Les textes suivants font entendre directement la parole de quelques jeunes écrivains qui ont tous en commun d'avoir été marqués, de près ou de loin, par deux événements : la révolution et la guerre.

Le nouvel an[1]

Pegah Ahmadi

Ma copine m'a offert sa solitude,
enveloppée dans des nuages en papier.
Même soixante-dix-sept[2]
N'a pu sortir ses mèches dans la rue.
Peut-être cette nuit donnera-t-on, de derrière les barreaux,
Une fenêtre supplémentaire aux filles.
Peut-être que ce soir les draps
Seront un peu plus blancs.
Peut-être que la vieille femme pourra,
Sur les quatre roues du soleil,
Avancer de quelques ombres de plus
En direction de cet arbre lointain.
On dit que ce soir aucun cheveu n'est tombé
dans la soupe des casernes,
Que le safran de la lune est plein de rire.
Très vite, toutes ces paroles se sont fait berner par le temps.
Même soixante-dix-sept
A dû cacher ses mèches dans le miroir.
Un ruban s'enroule autour de notre maison.
Le bruit des talons dans l'escalier me fait exploser.

1. Norouz, le nouvel an du calendrier iranien, qui est un calendrier solaire, corrrespond au 21 mars, premier jour du printemps dans le calendrier grégorien.
2. L'an 1377 du calendrier iranien correspond dans le calendrier grégorien à la période allant du 21 mars 1998 au 20 mars 1999.

Je cours dans la rue jusqu'à ce que le sommeil se dégèle.
Pourquoi devrais-je rire ?
Ces jours ressemblent à des mains ligotées.
Je pleure.

Née en 1974, Pegah Ahmadi a fait des études littéraires à Téhéran. Elle a publié de nombreux poèmes dans des revues culturelles indépendantes. En 1999, elle a sorti son premier recueil, Sur le sol final, *dont est extrait « Le nouvel an ». Ce texte fait allusion à 1998, l'année qui a suivi l'élection du président Khâtami, une année remplie d'espoirs mais aussi de promesses restées en suspens.*

Khoramchahr[3] et les cercueils décharnés

Behzâd Zarrinpour

À mon frère Behrouz
que la rivière Karoun ne rendit pas entier

Lorsque ma main n'arrivait pas à la sonnette
je cognais sur la porte.
Maintenant que ma main arrive à la sonnette
il n'y a plus de porte.

Je me retourne :
les récréations ne commenceront pas avant un jour ou deux
la télévision vient de terminer son programme pour les enfants
comme toujours nous avons pris la balle pour...

Un sifflement long, étrange,
arrête notre partie
suspend le chant des moineaux
fait perdre à une femme son fœtus
interrompt sous le pont la course de la Karoun
pour nous inviter à une autre partie
où, au lieu de marquer un but, la balle brûle.
Les moineaux baissent les nids
nous, nos cerfs-volants

---

3. Immédiatement investie et occupée par les Irakiens, dès le début des hostilités entre l'Iran et l'Irak, qui se déclenchent un 22 septembre, la veille de la rentrée scolaire, Khoramchahr va devenir la ville symbole de la résistance iranienne. Sa libération en 1981 est fêtée par les Iraniens comme la victoire.

nos parents, les voix.
Depuis, plus jamais
on n'a mangé sous aucun toit.

J'enlève ma chemise.
La Karoun ne me reconnaît pas.
Amère est l'eau
qui vide son esprit
en évacuant dans la mer ses cadavres enflés.
On ne peut y pêcher que l'amertume.

Je me retourne :
on a effacé le gardien de notre école
on le fait sortir de dessous les débris du bureau
dans une main, il tient une carte froissée de l'Iran
dans l'autre, un mouchoir gonflé de danses et de larmes.
Épouvantés, un sanglot naturel en nos gorges,
nous étions quand même contents de savoir que l'école était fermée
« jusqu'à nouvel ordre »
nous avons donc eu de nouveaux agendas
où, « jusqu'à nouvel ordre », les jours étaient fériés.

[...]

Mère ferme à clé la porte de la maison
Père ouvre les cages et libère les oiseaux
Indifférent,
le bon Dieu passe à côté des arbres...
Et c'est le début de l'exil et du rationnement de la lune
le long de nuits méchantes, sans fenêtres,
sous des tentes qui ne pouvaient contenir nos rêves déplacés.

Les premiers jours
les tentes et les prières se faisaient à la va-vite
partout
on gardait ses clés sur soi
et on ne se rappelait plus
que lorsque l'on abandonnait la ville à elle-même
personne ne restait pour verser de l'eau par terre[4].

Pendant ces années
mon cœur devint de fer
rien ne pouvait plus l'émouvoir

4. Coutume iranienne pour que celui ou ceux qui partent reviennent.

sauf le quartier de mon enfance
où personne ne pouvait plus courir sur les champs de mines
ni sauter sur le feu[5].

[...]

Le vent se met à parler
je sens qu'il a beaucoup à souffler
je mouille mon doigt
et je me mets à souffler vainement derrière le vent :
heures arriérées,
récréations rouillées dans la cour de l'école,
grilles rasées,
[...]
palmiers[6] sans tête,
marionnettes à la toilette militaire uniforme,
banques de sang aux comptes courants,
cercueils sans cimetière,
toits sans aile,
gouttières bouchées qui, prêtes à crever,
disent aux rues qu'il pleuvra bientôt,
fenêtres abandonnées,
murs battus,
ruelles écrasées
qui ne pensez même plus à vous relever
comme si vous n'aviez jamais eu de lampadaires.

Comme mon frère Behrouz
dans ses rêves abrupts
aimait cette ruelle
qui porterait son nom[7].
Lui qui disait toujours :
je plains ceux qui meurent sans ruelle.

[...]

Né en 1969 à Khoramchahr, ville frontière avec l'Irak, Behzâd Zarrinpour a été témoin du conflit irano-irakien alors qu'il n'était encore qu'un jeune garçon. Il a

---

5. Autre coutume iranienne : à la veille du nouvel an, on allume des feux et on saute par-dessus.
6. La culture des palmiers, très répandue à Khoramchahr, est une importante source de revenus pour ses habitants. Pour priver les Iraniens de leurs ressources, les Irakiens avaient coupé la tête des palmiers et provoqué des incendies dans les palmeraies.
7. Après la guerre, de nombreuses rues ont été rebaptisées avec le nom des martyrs qui avaient perdu la vie au front.

vu les soldats mourir et son frère revenir blessé du front. Son poème a été maintes fois cité dans les milieux littéraires iraniens comme un témoignage de référence sur la guerre vécue de l'intérieur. Aujourd'hui, Behzâd Zarrinpour continue d'écrire des poèmes et exerce le métier de journaliste à Téhéran.

Le dîner

Sophia Mahmoudi

Chaque soir, en rentrant, il va directement à la cuisine et regarde dans la marmite. La femme est là, en train de cuire, pot-au-feu délicieux : de la viande, un bout d'os, de la graisse et beaucoup d'épices. Il en a l'eau à la bouche. À force d'être cuite, la femme est prête à s'évanouir, c'est-à-dire à se désagréger. Très tôt le matin, elle est allée acheter la viande, elle l'a lavée et nettoyée. Puis elle a plongé dans la marmite avec tous les mets qu'elle a ajoutés, de toutes les couleurs et de toutes les saveurs, et depuis elle n'a cessé de cuire jusqu'à maintenant, jusqu'à la nuit. Tout à l'heure, son homme va la manger.

De l'intérieur de la marmite et tout en continuant à cuire, la femme fait un clin d'œil à son homme qui la fixe, puis elle prend une louche, remplit une écuelle et la dépose sur la nappe.

Tout en allant récupérer les crudités qui se trouvent dans la passoire, elle empoigne ses cheveux encore mouillés et les secoue : un parfum de basilic et de sarriette se répand. Elle revient près de l'homme avec l'assiette de crudités. Qu'elle est appétissante !

L'homme voit, entre les crudités toutes fraîches, un radis, tout beau et rose, qui lui sourit. Le rose radis est d'ailleurs sa couleur préférée entre toutes lorsque sa femme se met du rouge à lèvres.

Tout en mangeant bruyamment, l'homme réfléchit à tout cela et, ayant avalé sa bouchée, reprend dans l'écuelle ou l'assiette de crudités un morceau de sa femme qu'il met dans du pain chaud, porte à sa bouche et mâche doucement. Elle sent les élancements de son corps broyé. Comme si elle avait de la fièvre, une grosse fièvre, car le pain est si chaud qu'il brûle la langue de l'homme. Mais peu importe, et il continue d'engloutir son repas avec appétit. Le dîner est un vrai régal, et tout est parfait. Même le tissu blanc de la nappe étendue devant lui est impeccable avec ses fleurs pourpres et orangées. Il lui suffit de suivre des yeux les fleurs de la nappe pour arriver aux fleurs de la robe de sa femme et à sa femme qui est assise à l'autre bout. Peut-être est-ce justement des rondeurs qui gonflent la robe que se propage ce parfum d'orange et d'arbre de Judée ? Donc, très vite, il doit finir son dîner et aller au lit. Mais alors les morceaux lui sautent

à la gorge, à plusieurs reprises, et le font tousser. Sa femme lui tape dans le dos avec son poing et l'homme tousse de nouveau. Il a chaud, il sue et demande de l'eau. De l'eau fraîche !
La femme se lève et va à la cuisine. Puisant dans les profondeurs de son âme, elle y récupère quelques glaçons qu'elle met dans un verre qu'elle apporte à son homme, toujours assis face à la nappe. L'homme dit :
- Merci.
Elle répond :
- Que l'eau te soit agréable.

Sophia Mahmoudi est une jeune nouvelliste iranienne. « Le dîner » a été publié dans la revue intellectuelle Takapou *en avril 1994.*

Le rhume
Rosa Djamâli

Au tréfonds de là où se termine la tasse, comme des éternuements
qui restent bloqués,
Qui se font attendre et qui te font fondre dans l'attente,
Eh bien, moi, je suis un peu enrhumée
à cet instant, j'ai avalé huit mots entiers
Des points et d'autres signes de ponctuation restent coincés
dans ma gorge
et, à part la maladie des crayons,
je suis comme un avion
j'ai mal à la gorge.

Tu as demandé à l'avion : Pourquoi ne toussez-vous pas ?
Il t'a répondu : Pour empêcher les microbes de coucher
avec les nuages.

Tu me chatouilles
Eh bien, moi, pour huit secondes,
Je suis allée jouer avec mon petit ballon.
Après, je me suis enroulé mon foulard autour des oreilles
et je me suis même enfoulardé les joues
Je me suis peigné les cheveux
J'ai cligné des paupières
Et j'ai dit à l'avion :
Eh bien, moi, j'ai un peu de fièvre

j'éternue un peu
et je suis un peu malade.

La jeune poétesse Rosa Djamâli est née en Iran en 1977. Son poème « Le rhume » fait partie d'un recueil intitulé Ce mort n'est pas une pomme, mais un concombre ou une poire, *qu'elle a publié en Iran en 1998.*

Souviens-toi de nous

Ezzat Ebrahim-Nejad

Souviens-toi de nous,
Nous qui n'étions alors que des jeunes de vingt-deux ans,
Nous qui avions la passion dans nos cœurs et qui, avant d'y goûter,
mourûmes, nos cœurs caressant la terre.
Nous qui étions des rouges-gorges alchimistes
qui, avant d'apprendre à chanter,
mourûmes par dizaines, non sur les cieux, non sur les monts,
non sur les arbres ou au marché,
mais sur une branche morte écartée de son appui.
Je me rappelle votre message
qui traverse toujours ma mémoire.
Je me rappelle les chants muets des rouges-gorges,
la mise en bière des espoirs de ceux qui n'avaient que vingt-deux ans
et dont on cognait les cœurs sur les pavés.
C'est en les évoquant toujours dans ma mémoire
que je mourrai peut-être avant de devenir poète
à l'âge de vingt-deux ans.

Ezzat Ebrahim-Nejad venait de terminer l'université et faisait son service militaire lorsqu'il fut assassiné d'une « balle perdue », alors qu'il rendait visite à un camarade sur le campus d'Amirabad à Téhéran, en juillet 1999. Son poème « Souviens-toi de nous » a été publié à titre posthume dans la revue culturelle iranienne Donia-yé sokhane *(Le Monde de la parole). Il a également été lu pour la première fois en public en avril 2000 à la faculté d'économie de l'université Allameh Tabatabai de Téhéran, à l'occasion d'un rassemblement pacifique d'étudiants pour protester contre la violence politique.*

Traduction de Média Kachigar

Cinq personnages

Fariba Adelkhah, Serge Michel, Delphine Minoui

Le footballeur, le philosophe, le chanteur pop, le polémiste et la diva. Chacun d'eux occupe une place dans le cœur des jeunes Iraniens. Chacun porte une part de leurs espérances et de leurs désirs. Désir de liberté et de démocratie certes, mais aussi envie de rires, de rêves, d'émotions simples, de légèreté, de frivolité, d'insouciance. Une image mosaïque en cinq temps de la sensibilité des jeunes en Iran.

Le footballeur Ali Daei : une passion nationale incarnée

Sur la porte de Chez Madjid, une petite pancarte affiche complet. Au sous-sol de la maison de thé traditionnelle, les jeunes clients, narguilé en bouche, se concentrent sur le petit écran en noir et blanc. Ce soir, les ruelles d'Ardabil sont désertes. Dans cette bourgade du nord de l'Iran, on ne rate sous aucun prétexte les matchs de foot retransmis à la télévision. L'instant est crucial. Ali Daei, l'enfant du pays, s'apprête à tenter un tir dans les filets de l'Irak, l'ennemi absolu s'il en est, dans le cadre de la coupe d'Asie des Nations.

Tous n'ont d'yeux que pour ce jeune footballeur, né à Ardabil il y a un peu plus de trente ans. Chacun se souvient du garçon sage et studieux, fou de ballon rond, passion qu'il partageait avec ses quatre frères.

Diplômé d'une des plus brillantes universités de Téhéran, il devient footballeur professionnel malgré les réticences de ses parents. Après avoir fait ses armes dans l'équipe iranienne Persepolis, il joue dans les principaux clubs allemands, Aminia Bielefeld en 1997, Bayern de Munich en 1998, Herta de Berlin en 1999.

Mais rien ni personne ne pourrait l'empêcher de participer aux matchs de l'équipe nationale. Il n'oubliera jamais la superbe épopée du Mondial 1998 : d'abord la qualification *in extremis*, puis la victoire 2-1 contre les États-Unis en juin.

Pour la première fois, toute une jeunesse avait laissé exploser sa joie dans l'espace public. De la capitale au village le plus reculé, la fête avait envahi les rues jusqu'au petit matin. Personne ne pouvait arrêter cette tornade de bonheur, pas même les *bassidjis**, ces volontaires chargés du maintien de l'ordre.

Les femmes avaient été les premières à profiter de l'occasion pour ouvrir une brèche dans le mur de la séparation des sexes et pénétrer par milliers dans le stade Azadi (Liberté) de Téhéran afin de fêter le retour des champions, malgré les mises en garde des forces de l'ordre. Les rires, les klaxons et les sifflements avaient soudain effacé toutes ces années où l'expression du bonheur avait été refoulée entre les quatre murs des maisons.

« Le jour de la victoire, un orchestre est venu jouer sous la fenêtre de nos parents, à Ardabil. Les jeunes ont dansé toute la nuit. Ils étaient heureux, c'était le plus beau jour de leur vie », raconte Abdollah, le frère aîné d'Ali Daei, qui a vu la clientèle de son magasin de sport multipliée par quatre. Depuis, la boutique ne désemplit pas. On vient demander des nouvelles du « champion », mais aussi un peu d'argent, un conseil en affaires ou tout simplement la main d'Ali Daei pour une fille de la ville.

Car Ali Daei est vénéré comme un saint. Il porte le prénom d'un des douze imams* chiites. Sa photo envahit les vitrines, son nom est gravé sur les murs. Son visage s'imprime sur les chaussons, tee-shirts, porte-clés, autocollants et cartables d'écoliers. Son succès dépasse les frontières de l'Iran : en 1999, la Confédération du football d'Asie l'a élu footballeur de l'année.

Aujourd'hui, Ali Daei, c'est la fierté des jeunes Iraniens. On parle de lui comme du grand frère idéal, mais surtout comme d'un modèle de réussite dans un pays rongé par les problèmes économiques et politiques. « Le football, c'est la deuxième religion après l'islam, raconte en riant Nader Davoudi, le directeur du magazine sportif *Tamâchegarân* (Les Spectateurs). Le vendredi, les parents vont à la mosquée et les enfants sont dans la rue pour taper dans le ballon. »

Ce nouvel engouement fait aussi vibrer les femmes : le foot est aujourd'hui, avec l'aérobic, une de leurs distractions favorites. Interdites de stade depuis la révolution, elles n'en sont pas moins devenues de véritables « accros ». Elles en ont fait une arme dans leur combat pour l'égalité en créant leur propre équipe nationale.

Un jour, peut-être, elles pourront jouer sans foulard devant un public mixte. Ce soir, elles se contenteront d'aller crier dans les rues le nom de leur idole, car Ali Daei a encore frappé. Le « roi de l'Asie » vient de marquer un but contre l'Irak. *D. M.*

Abdolkarim Soroush : le philosophe postislamiste

Abdolkarim Soroush reçoit ses visiteurs dans un bureau proche de l'université de Téhéran, où il n'a plus le droit d'enseigner depuis cinq ans. L'audience de ce philosophe théologien de cinquante-cinq ans dépasse largement les cercles intellectuels et étudiants. Les grosses grilles dans l'escalier rappellent que le principal dissident iranien, le « penseur emblématique du postislamisme », vit sous la menace permanente des gros bras du Hezbollah*, qui surveillent de près toutes ses déclarations.

L'homme qui inquiète tant les milieux conservateurs porte des lunettes rondes et une petite barbe taillée. Avec une douceur et une obstination qui comblent d'aise le jeune public massivement présent à chacune de ses apparitions, il met tranquillement en cause les fondements mêmes de la République islamique. « Il faut distinguer les principes fondamentaux du Coran, très peu nombreux, et la foule de jugements conjoncturels qui correspondaient il y a quatorze siècles à une société bien différente de la nôtre. » Une analyse qui conduit naturellement à juger illégitimes les institutions de droit divin comme la fonction de Guide suprême* en Iran, les sanctions islamiques comme la *fatwa** ou encore l'inégalité entre hommes et femmes.

Envoyé à Londres au début des années 1970 pour une thèse de chimie, Soroush, qui a déjà un solide bagage religieux enseigné par des proches de l'ayatollah* Motaharri[1], y découvre une discipline inconnue en Iran, la philosophie des sciences, et s'y jette à corps perdu. En quelques années d'intense activité intellectuelle, il assimile toute la philosophie occidentale et plus particulièrement les thèses de Karl Popper, Paul Feyerabend et Imre Lakatos. « Mais c'est à l'influence de Quine que je dois l'une de mes thèses centrales : la religion n'est qu'une manière de comprendre la divinité, tout comme la science n'est qu'une manière de comprendre la nature. Cette forme de connaissance est donc humaine, faillible, évolutive et en compétition constante avec d'autres formes de connaissance[2]. »

Pourtant, Abdolkarim Soroush n'a pas toujours professé ces idées iconoclastes. Sans doute porté par la vague d'espoir née de la révolution, il participe à l'épuration et à l'islamisation des universités. En 1979, l'ayatollah Khomeyni le nomme membre du Conseil de la révolution culturelle. En 1987, désillusionné par les dégâts terribles de l'islamisme politique, il donne sa démission.

Dès lors, pour lui, la religion est une affaire intime qui doit laisser le champ social à la responsabilité des hommes, lesquels doivent le gérer de manière démocratique. Or la révolution consacre au contraire l'envahissement de la société par des règles prétendument religieuses que le système utilise pour renforcer son emprise.

Surveillé, mais trop respecté pour qu'on puisse facilement le réduire au silence, Soroush se lance alors dans une série de recherches sur la raison, la liberté et la démocratie en religion, qui lui vaudront le surnom de « Luther de l'islam ». Ses cours à l'université de Téhéran sont parmi les plus suivis. « La religion, c'est pour les amoureux de la foi, pas pour les vendeurs de la foi », lance-t-il souvent aux étudiants.

Mais son plaidoyer pour la libre interprétation des Écritures, pour l'autonomie de l'intériorité religieuse et, en fin de compte, pour une séparation de la religion et de la politique, tout cela questionne de trop près la clé de voûte du système iranien : le

1. L'ayatollah Motaharri fut le mentor du président Mohammad Khâtami.
2. Mahmoud et Ahmad Sadri, *Reason, Freedom and Democracy in Islam. The Essential Writings of Abdolkarim Soroush*, New York, Oxford University Press, 1999.

*Velayat-é faqih**, cette fonction de juridiction suprême qui a échu à Ali Khamenei à la mort de l'ayatollah Khomeyni. En 1996, une centaine d'islamistes armés de chaînes et de barres à mine envahissent la salle de cours. Le philosophe parvient *in extremis* à s'échapper par une petite porte. Depuis, il est interdit de cours.

En bas de l'escalier qui mène à son bureau, son secrétaire particulier vend une dizaine d'enregistrements de conférences qu'il a prononcées devant les auditoires des plus grandes universités britanniques et américaines. Ces cassettes, fabriquées avec les moyens du bord, ont pour titres *Religion and Politics*, *Islam and Freedom* ou encore *Islam and Democracy*.

En Iran, les masses de jeunes qui prononcent le nom d'Abdolkarim Soroush avec admiration n'ont souvent qu'une idée très vague de son *Épistémologie de la religion*. Mais ils sont convaincus que, grâce à ses analyses, l'Iran parviendra à se débarrasser de la mainmise de l'islam sur la société. *S. M.*

Mohammad Esfahâni : la musique pop « islamiquement correcte »

L'endroit ressemble plus à une salle des fêtes qu'à un lieu de concert. Entassés sur des chaises en ferraille, ils sont plus d'un millier de jeunes à s'impatienter devant l'estrade vide dominée par un vieux portrait de Khomeyni. Ils ont fait la queue tout l'après-midi pour être sûrs d'avoir des places. Les filles sont venues en renfort. Il y a le clan des tchadors* noirs et celui, plus important, des foulards colorés et des mèches rebelles. Tout d'un coup, le silence s'impose comme une évidence. Mohammad Esfahâni vient d'apparaître sur scène.

La barbe soigneusement taillée et le costume tiré à quatre épingles, Mohammad est, à trente-quatre ans, l'un des chefs de file d'une nouvelle génération de musiciens, à cheval entre l'islam et la modernité. Ses chansons rendent hommage aux imams chiites et aux martyrs de la guerre sur des rythmes qui flirtent avec le jazz et le rock'n roll : un compromis issu de vingt ans de politique culturelle sinusoïdale après la révolution.

Le concert se déroule dans le gigantesque centre culturel Bahman. Construit au début des années 1990 à l'emplacement des anciens abattoirs du sud de Téhéran, ce complexe a totalement bouleversé le paysage culturel de la capitale. Les nombreuses activités qu'il propose sont destinées à un public très large qui va de la bourgeoisie occidentalisée des quartiers nord aux jeunes issus des faubourgs traditionnels. C'est ici même que s'est déroulé le premier festival de musique pop iranienne en février 1999. À l'heure où Téhéran célébrait en grande pompe les vingt ans de sa révolution à coups de manifestations officielles, les jeunes venaient applaudir les nouvelles idoles de la variété iranienne, Ghachâyer Etemadi, Shadmer Aghili, Ali Reza Assâr et bien sûr Mohammad Esfahâni.

Tous ces chanteurs-compositeurs ont été bercés à la fois par les appels à la prière et par les chansons de Dariush et de Gougoush, stars de la pop music sous le chah réduites au silence après la révolution. Ils ont vu leurs aînés se faire arrêter dans la rue parce qu'ils transportaient une guitare ou une cassette de Michael Jackson. Aujourd'hui, ils profitent du nouveau climat d'ouverture pour renouer avec les mélodies entraînantes. Leur musique marie les vibrations du *tombak* et du *daf* (instruments traditionnels iraniens) aux sons électriques et aux rythmes de batterie. Ils composent leurs mélodies sur des poèmes mystiques de Mowlânâ ou de Hafez, qui excellent dans l'art de la métaphore. Leurs cassettes sont classées parmi les meilleures ventes d'albums, et les chauffeurs de taxi passent leurs tubes en boucle.

De tous ces musiciens, Mohammad Esfahâni est le plus « politiquement correct ». Issu d'une famille religieuse, il a commencé sa carrière musicale en chantant le Coran. Ses études l'ont également porté vers la médecine, qu'il exerce comme une seconde activité. Sa jeune femme, qui lui a donné deux enfants, porte consciencieusement le tchador et évite les apparitions en public.

Avec trois albums à son actif, il s'est surtout fait remarquer par une chanson dédiée à la lutte contre la drogue, dont le vidéoclip est régulièrement diffusé sur le petit écran iranien. Ses autres chansons parlent de Dieu, mais aussi de l'amour et de l'espoir dans l'avenir. Elles ont réussi à toucher un public très jeune.

Mohammad Esfahâni a également su séduire les familles traditionnelles, pour qui il représente un modèle acceptable à une époque où l'Iran cherche à assouplir son discours, y compris dans certains milieux très religieux. Les adolescents se servent de lui comme caution morale pour faire accepter par leurs parents leur goût pour la techno et le hard rock.

Le dernier album du chanteur a pour titre *La Distance (Faseleh)*. Distance de l'artiste par rapport à la société, à la politique, à la religion, au pouvoir ? Entre les lignes, les blancs et les silences, ses jeunes auditeurs ont depuis longtemps appris à lire et surtout à écrire leurs espoirs et leur révolte. *D. M.*

Ebrahim Nabavi : l'agitateur culturel

À Téhéran, il est impossible de passer une journée sans parler d'Ebrahim Nabavi. Du matin au soir, son nom circule dans toute la ville : dans les taxis, où l'on se raconte ses dernières blagues, dans les soirées et dans les amphithéâtres des universités, où ses articles passent d'un banc à l'autre. On parle de lui sans jamais le voir.

Ce petit personnage énigmatique à la moustache insolente est un homme invisible. Quand il n'est pas en prison (il a été arrêté à deux reprises en l'espace de deux ans), il court d'une rédaction à l'autre pour ensuite s'enfermer chez lui et écrire ses billets d'humeur.

C'est en signant des chroniques cinglantes dans le quotidien *Djâméé* (Société) que cet ancien critique de cinéma a commencé à se faire remarquer. C'était en 1997. Le président Khâtami venait de remporter l'élection présidentielle, et un souffle de liberté circulait dans les rédactions des nouveaux quotidiens réformateurs. Du jamais vu en vingt ans de République islamique. Du jamais vu tout court, selon certains intellectuels formés à l'école de l'autocensure sous la dictature du chah. Nabavi avait alors baptisé sa chronique « La cinquième colonne », en référence à l'accusation d'espionnage régulièrement adressée aux journalistes. L'interdiction du journal est tombée quelques mois plus tard. Mais le polémiste avait déjà eu le temps de publier une centaine de billets, où il passait en revue les travers de la société iranienne et les absurdités de son système politique. Pour mieux narguer ses détracteurs, Nabavi n'a pas tardé à prendre contact avec une maison d'édition qui a aussitôt accepté de publier une compilation de ses satires. Le recueil s'est vendu comme des petits pains à la Foire du livre de Téhéran. Depuis, ce boulimique de l'écriture a rédigé une vingtaine d'ouvrages, diffusés dans les meilleures librairies de Téhéran. Sans parler de ses contributions régulières dans la presse réformatrice : *Tous, Neshât* (Bonheur), *Asré azâdégân* (Le Temps des libéraux), *Akhbar-é ertessâd*... Aucun de ces journaux n'a survécu à la contre-offensive des conservateurs, qui ont interdit une trentaine de publications en l'espace de huit mois. Pourtant, de nouveaux projets se mettent déjà en place, malgré le récent durcissement de la loi sur la presse. Ebrahim Nabavi est le premier à rire de cette situation. Cet habitué des menaces téléphoniques et des arrestations garde toujours une brosse à dents et un pyjama dans sa sacoche... au cas où on le convoquerait à l'« université d'Evine », surnom donné à la prison du même nom, qui héberge de nombreux intellectuels, journalistes et professeurs d'université.

Il faut dire que le bonhomme ne craint pas de se payer la tête de l'ancien président Rafsandjani ou de Hassani, l'imam de la prière du vendredi dans la ville d'Oroumié. Ses critiques n'ont pas de limites. Il s'en prend à la police et aux puissants services secrets soutenus par l'aile conservatrice du régime. Et c'est ce qui fait tout son succès auprès des jeunes, qu'on abreuve de langue de bois jusqu'à l'écœurement. « Nabavi est à la fois un excellent humoriste et un très bon analyste. La lecture d'un de ses articles suffit à comprendre beaucoup de choses sur la situation actuelle de l'Iran », explique Siavosh, un étudiant de vingt-quatre ans qui collectionne tous ses articles.

Dans son livre *Ça s'est passé en l'an 1377* (1999 dans le

calendrier grégorien), il revient sur les émeutes estudiantines de l'été 1999, premier véritable soulèvement social depuis la révolution, en critiquant sévèrement les forces de l'ordre pour leur comportement brutal avec les manifestants.

Il aime bien aussi brocarder l'attitude des religieux vis-à-vis des femmes, pour qui « elles ne sont que le produit d'un malentendu dans la création ».

Passionné du langage et du sens donné aux mots, il a récemment publié son *Encyclopédie de la cinquième colonne.* Société civile, espion, machiavélisme, mollah, intellectuel religieux... : chaque terme y est accompagné de quelques lignes d'explications croustillantes.

Si Nabavi sait chatouiller le pouvoir là où ça fait très mal, c'est qu'il le connaît bien. De 1979 à 1985, après des études de sociologie, il a en effet été chargé de rédiger des textes de loi pour le ministère de l'Intérieur. À l'époque, il rêvait d'anéantir les États-Unis. Aujourd'hui, du haut de ses cinquante ans, il a pris un sacré recul critique vis-à-vis des slogans révolutionnaires. Un recul qu'il exprime souvent dans ses textes à l'aide de points de suspension, sorte de *no comment* en signe de complicité avec son jeune lectorat.
D. M.

Gougoush : la « pierre patiente »

Adolescente, elle chantait, habillée à la façon yé-yé des années 1960, « La pierre patiente », chanson qui résumait fort bien l'histoire de sa vie telle que les cercles encore limités des téléspectateurs aimaient à se la raconter. Ceux-ci se délectaient à la fois de l'avènement de la télévision et des nouvelles distractions de la vie moderne en se laissant bercer par la voix de la jeune artiste évoluant dans un jardin au milieu des arbres et des fleurs : « Je n'ai pas vu tout au long de ma vie la couleur du bonheur, le visage de la fête. » Orpheline de mère, maltraitée par sa belle-mère, elle avait été exploitée par son père, qui l'avait fait monter sur les planches dès l'âge de deux ans pour l'accompagner dans ses tournées d'acrobate à travers le pays. Ainsi, la scène n'avait pas été pour elle un choix professionnel mais l'expression de la force du destin.

À l'âge de dix-huit ans, désormais chanteuse confirmée et professionnelle, carte d'identité en main, elle proclamait son autonomie et revendiquait le droit de signer elle-même ses contrats.

Court fut ce bonheur. Son mariage d'amour avec un homme du milieu des cabarets qui savait multiplier les contrats à son insu plongea Gougoush dans sa destinée d'éternelle otage de la vie. Se consacrant à son art et à son public, Gougoush accumula les succès. Mais elle finit par craquer et par quitter le pays afin de se dérober aux engagements trop lourds de sa vie nocturne. Poursuivie par les cabarets qui lui reprochaient d'avoir résilié ses contrats, elle eut gain de cause.

Elle rentra transfigurée par l'exil. Mais le pays lui aussi s'était transformé, grâce aux dollars du pétrole et au vent de la modernisation qui soufflait sur son histoire. Modernisation n'allant jamais sans consommation, l'esprit du temps était plutôt aux goûts de la jeunesse et à ses distractions. Les chaînes de télévision se multipliaient, ainsi que les journaux. Les uns et les autres dressaient des hit-parades. Mais Gougoush était unique, et nul ne lui portait ombrage. Elle devint l'image même du consensus national. Elle était adulée autant par les jeunes que par les adultes et les personnes âgées. Autant par les hommes que par les femmes. Autant par ceux qui se piquaient de modernité que par son public issu des milieux traditionnels. Chacun se réclamait d'elle, et elle savait rendre hommage à tous avec ses invocations religieuses, avec son respect de la famille, avec ses chansons turques.

À elle seule elle créait la mode : on s'habillait à la Gougoush, on se coiffait comme elle, et tout un chacun fredonnait ses chansons. Ce fut à cette époque que courut la rumeur de son divorce et qu'éclata l'histoire de ses trois amours successifs. Le premier fut la grande vedette de cinéma du moment, le deuxième le meilleur chanteur, le troisième un jeune et irrésistible acteur débutant plein d'avenir. Ce fut sur cette troisième idylle que les marches révolutionnaires envahirent les rues. Et Gougoush de choisir son camp en chantant l'éloge d'« Agha », que l'on identifiait sans difficulté à l'imam Khomeyni.

Par respect du sang versé, celui des martyrs de la révolution, celui des victimes de l'injustice de l'ancien régime et bientôt celui des combattants mobilisés sur le front, le silence s'installa. Ce fut moins le temps de la censure que celui du recueillement. Il marginalisa le monde du show-biz avant même que celui-ci subît les rigueurs de la République islamique. Cette longue minute de silence à laquelle s'adonna le pays se prolongea ainsi pour les chanteuses, qui ne purent plus la rompre, sinon dans les conditions draconiennes imposées par les nouvelles autorités et de toute façon en l'absence des hommes. Nombre d'artistes fuirent alors l'Iran pour continuer à se produire. Gougoush fit le choix de rester et se résigna aux normes de la république, qui l'astreignit au silence pendant vingt ans. Néanmoins, ses cassettes et ses CD ne cessaient de circuler sous le manteau, tandis que ses amis et collègues du passé reprenaient ses chansons, non seulement à Los Angeles mais aussi dans les cafés-concerts qui ont ouvert à Téhéran ces dernières années.

La nouvelle génération n'est pas épargnée par le phénomène Gougoush. Bercés dès leur enfance par la douce voix de la diva vénérée par leurs parents, les jeunes Iraniens d'aujourd'hui connaissent ses chansons par cœur.

Le mythe Gougoush a d'ailleurs largement dépassé les frontières. La diaspora iranienne, installée principalement en Europe et aux États-Unis, confond sa vénération de Gougoush avec sa nostalgie de l'Iran, terre quittée après la révolution.

Au fond, on n'a jamais oublié Gougoush. Ses rares apparitions en public lors des différentes célébrations, de deuil ou de commémoration des célébrités de son milieu, étaient remarquées et immédiatement rapportées, non sans emphase : « On l'a vue ! » Et, de fait, on la voyait, souvent vêtue d'un tchador, portant des lunettes noires. On l'a voulue mariée à un *hadji bazari*, c'est-à-dire à un homme pieux, ce qui suffisait à expliquer sa décision d'arrêter de chanter et de rester au pays.

Alors que tout le monde - ses fans d'hier et ses jeunes adulateurs d'aujourd'hui - s'était fait au destin de Gougoush, voici que le mythe rebondit en juin 2000 avec l'annonce d'une tournée de deux ans de récitals au Canada, aux États-Unis et en Europe, et du tournage de plusieurs films. Et, après le père et le premier mari, c'est maintenant au tour de la République islamique d'Iran d'exploiter les dons de l'orpheline, que l'on veut décidément à l'image même de l'innocence parfaite. Elle l'envoie en Amérique afin d'étouffer l'émotion, sans doute dangereuse, qui monte à l'approche du premier anniversaire du mouvement estudiantin de l'été 1999. Alors qu'une partie de la diaspora en appelle à la mobilisation par de multiples communiqués, mises en garde, voire condamnations pour déjouer la supposée manipulation, et ce malgré le démenti de Gougoush elle-même, la majorité des Iraniens d'outre-mer se réjouit de l'événement et se rue sur les billets de ses concerts, qui affichent à chaque fois complets et comptabilisent des milliers d'entrées. La presse nationale n'est pas en reste et s'attarde de façon quasi quotidienne sur la moindre information relative à la vedette, au prix d'une seule concession islamiquement correcte : elle préfère son nom de Faegheh Atashine, littéralement inconnu de son public, à son surnom, Gougoush.

La diva revient ainsi à la une de la presse people, qui parle, photos nostalgiques à l'appui, de ses concerts, de ses projets de films et surtout de son retour imminent. Date fatidique à n'en pas douter et autre temps fort du mythe qui prouve que celui-ci n'est pas épuisé. S'il est vrai que Gougoush n'a quitté l'Iran qu'en ayant obtenu l'engagement des autorités de la laisser y revenir au terme de sa tournée, son retour risque d'être mouvementé. Ses fans lui réserveront au moins le même accueil qu'à l'équipe de football triomphante lors de la Coupe du monde en 1998. Mais il faudra aussi compter avec ceux qui estiment que leur honneur a été entaché par certains des propos de Gougoush, notamment par le fait qu'elle ait pris parti pour Mohammad Khâtami.

À la fois idole et martyre, la diva devra composer avec la tension qui flotte dans l'air de la République islamique d'Iran, toujours au bord de la crise de nerfs vingt-deux ans après la révolution.

F. A.

Un vendredi au stade

Reza Moattarian

Photographe de presse, Reza Moattarian, trente et un ans, a suivi les jeunes supporters de deux équipes iraniennes : Esteghlal et Persepolis. Quelques instants du culte voué aux dieux du football, la « deuxième religion » en Iran.

PERSEPOLIS

Shell

موتوژن

۱۹۲۴۹

4. *Les labyrinthes de la société*

Université : une planète en fusion

Saeed Paivandi

Le caractère totalitaire du système éducatif mis en place après la révolution ne fait aucun doute. Mais, en plus d'avoir permis une véritable et spectaculaire démocratisation de l'enseignement, c'est, contre toute attente, l'islamisation qui a permis aux filles d'accéder massivement à l'université. Un panorama du monde universitaire iranien, aujourd'hui au centre du mouvement pour les réformes.

L'avènement de la République islamique d'Iran en 1979 a suscité beaucoup d'interrogations à propos de l'avenir de l'éducation moderne en général et de celui de l'université en particulier.

Depuis la naissance de l'école moderne dans la seconde moitié du XIXe siècle, l'appareil religieux iranien a toujours contesté le projet d'éducation laïque, considéré comme « occidental » ou « colonial » et dont le seul rôle était d'anéantir la culture islamique.

La nouvelle République islamique a donc fait de la réforme du système éducatif une de ses priorités. Dès 1979, l'ayatollah* Khomeyni exhorte les responsables à « changer fondamentalement les programmes des lycées et des universités pour se débarrasser de l'éducation et de la culture occidentales ». La fermeture des universités pendant deux ans permet d'abord la purge massive des enseignants et des étudiants appartenant aux différentes composantes de l'opposition[1].

1. On peut estimer à vingt mille le nombre des expulsés (quatorze mille étudiants et six mille professeurs).

À la réouverture des universités, les nouveaux responsables instaurent un dispositif draconien pour conduire cette « révolution culturelle ». Désormais, les candidatures à l'entrée à l'université sont passées au peigne fin. Le recrutement des étudiants se fait plutôt selon une sélection idéologique qu'académique. Dans le même temps, une coopération renforcée avec les écoles religieuses se met en place. Les femmes subissent des mesures discriminatoires en ce qui concerne la tenue vestimentaire et le choix des disciplines universitaires. L'histoire de l'islam et la culture islamique sont introduites comme matières obligatoires dans toutes les filières. Les programmes des disciplines artistiques, juridiques et des sciences humaines sont sévèrement révisés.

Une culture des apparences

Les conséquences de ces nouvelles mesures se révèlent considérables. Dans les années 1980, près de 37 % des places à l'université publique sont réservées aux jeunes militants des milices paramilitaires, des associations caritatives ou politiques islamistes, ou aux enfants de familles de martyrs.

Durant la même période, la surveillance des bacheliers candidats devient redoutable[2]. Pour éviter d'être évincés du système éducatif, les étudiants pratiquent la culture des apparences : « Si pour aller à l'université on doit faire la prière à l'école, alors je la ferai sans hésiter », déclare Arach, un lycéen de seize ans qui étudie à Téhéran. Pour se couvrir, certains adhèrent par exemple à des organisations politico-religieuses afin de bénéficier de privilèges. Sara, étudiante à l'université de Téhéran, explique que, comme beaucoup de ses amis, elle s'est inscrite à l'association islamique des élèves « sans y croire tellement, mais dans l'espoir de mieux réussir à l'université ». Finalement, les jeunes ont appris à vivre dans cette duplicité et à jongler avec les faux-semblants. Ils sont devenus experts dans l'art de contourner les règles et les normes imposées par les institutions. « Pour avoir la paix à l'université, on respecte

2. Ces pratiques sont abandonnées ou assouplies dans les années 1990.

toutes les règles, car on a l'impression d'être suivi partout. Nos professeurs ont le même problème : ils doivent choisir avec précaution les termes dans lesquels ils s'expriment pour faire passer leurs messages sans provoquer les responsables. De notre côté, nous décodons leur discours, leur façon de raisonner, de s'habiller, pour comprendre à qui nous avons à faire », raconte Sara.

Explosion des effectifs

L'islamisation des universités est allée de pair avec une massification spectaculaire de l'enseignement supérieur. En l'espace de vingt ans, le nombre des étudiants a été multiplié par huit, pour atteindre à la rentrée 2000-2001 le chiffre record de 1,5 million[3]. Face à cette demande sans cesse croissante, un vaste réseau universitaire semi-privé a été mis en place à partir de 1982, l'Université libre iranienne islamique (ULII). Il s'agit d'une université payante, gérée par les courants proches du pouvoir, qui admet les étudiants selon une sélection moins draconienne que l'université d'État. Pourtant, si l'on cumule les places disponibles au sein de ces deux types d'université, on estime aujourd'hui à seulement 20 % le taux de satisfaction de la demande pour l'enseignement supérieur iranien.

Il faut également compter avec une baisse sensible du nombre des étudiants iraniens à l'étranger. Dans les années qui ont précédé la révolution, l'exode massif vers l'Europe et les États-Unis avait fait de l'Iran le premier pays exportateur d'étudiants dans le monde. Le nombre des étudiants iraniens expatriés est ainsi passé de treize mille en 1970 à près de soixante-six mille en 1978. Pour dix étudiants inscrits dans les universités iraniennes en 1978, on comptait quatre étudiants à l'étranger. En revanche, en 1997, on ne comptait plus que vingt-cinq mille étudiants à l'étranger.

3. Avec un taux de croissance annuel moyen de 12 % pour la période qui suit la révolution culturelle (1984-1998), le nombre des étudiants est passé de cent vingt et un mille en 1983 à plus de six cent cinquante mille en 1998. Ces données chiffrées sont calculées ou directement utilisées à partir des chiffres bruts des annuaires statistiques du Centre de statistiques d'Iran de 1974 à 1998.

Paradoxe : l'islamisme avantage les filles

La démocratisation de l'enseignement supérieur se traduit, entre autres, par la baisse des disparités régionales. En 1990, on recense une centaine de sites universitaires à travers le pays, contre seulement une vingtaine en 1978. Désormais, la plupart des agglomérations de plus de cinquante mille habitants ont accédé au rang de ville universitaire. La politique de discrimination positive, qui consiste à accorder une chance plus importante aux candidats locaux à travers les quotas particuliers, renforce cette tendance.

Par ailleurs, la proportion des femmes dans la population étudiante est passée de 27 % en 1978 à 42 % en 1998, et ce malgré l'existence de quotas discriminatoires. Sur les cent quatre-vingt-onze filières des disciplines techniques et scientifiques proposées par les universités en 1998, cinquante-trois sont en effet réservées uniquement aux hommes. C'est le cas des techniques marines, de l'aéronautique ou encore du génie civil.

Les filles se sont donc imposées à l'université. Elles réussissent en général mieux que les garçons dans leurs études secondaires et, depuis 1997, sont majoritaires sur la liste des admis à l'université. Pour la rentrée 2000-2001, elles ont représenté plus de 60 % des nouveaux inscrits. Cette progression est d'autant plus remarquable qu'elle s'effectue aussi dans des domaines traditionnellement réservés aux garçons. Ainsi, par exemple, en 1998, 40 % des bacheliers de la série maths-physique étaient des filles, contre 15 % en 1984.

En dépit de son aspect totalitaire, il faut reconnaître que l'islamisation a indirectement favorisé l'accès des filles à l'université. Les familles traditionnelles acceptent mieux leur scolarisation dans la mesure où le code islamique, imposant le foulard et la ségrégation entre les sexes, « protège » les jeunes femmes de toute atteinte à leur « pureté ».

La dimension émancipatrice de l'université est également très importante chez ces mêmes jeunes femmes, qui prennent désormais plus de distance par rapport au pouvoir de la société et de leur famille. « Mon statut d'étudiante me permet de sortir et de bénéficier d'une très large liberté, et mon entourage me respecte davantage. Grâce à mon diplôme, j'espère pouvoir travailler et occuper un emploi intéressant », explique Aida, une étudiante de vingt-deux ans.

La démocratisation et ses revers

L'expansion spectaculaire de l'enseignement supérieur demeure finalement le seul point positif de ces deux dernières décennies en Iran. En revanche, on s'interroge aujourd'hui sur les conséquences négatives d'une croissance démesurée survenue sans qu'on puisse engager les dépenses nécessaires pour agrandir et mieux équiper les universités. Les difficultés économiques dont souffre l'Iran ont entraîné une diminution notable des dépenses par étudiant, ce qui a contribué à abaisser nettement le niveau de l'enseignement universitaire. Pour la période 1994-1998, la dépense moyenne par étudiant a été quatre fois moins élevée qu'en 1977. Par rapport à la situation au temps du chah, si le nombre des étudiants s'est considérablement accru, le niveau moyen des diplômes obtenus a connu une baisse sensible.

Pour répondre à ces difficultés, le ministère des Sciences, qui vient d'achever sa restructuration, envisage de mettre fin à cette expansion sauvage afin d'augmenter la qualité éducative des universités au cours du troisième plan quinquennal (2000-2004).

Par ailleurs, le problème des débouchés au sortir de l'université se fait sans cesse plus aigu. Selon les estimations officielles, sur deux cent mille diplômés annuels de l'enseignement supérieur, près de la moitié ne trouvent pas d'emploi. Si la tendance se poursuit au même rythme, leur nombre pourrait atteindre un million en 2004[4]. Le phénomène frappe même les secteurs jusqu'ici relativement épargnés, comme la santé.

Alors ceux qui en ont les moyens partent de plus en plus tenter leur chance à l'étranger. Les autres se contentent de petits travaux, parfois au noir. Ils sont souvent contraints d'accepter un métier bien en dessous de leur qualification. Et, pour arrondir les fins de mois, il est quelquefois nécessaire d'exercer deux métiers en même temps.

4. D'après les sources du quotidien *Iran*, 9 juin 2000.

La renaissance de la critique

Les universités ont cruellement souffert de la suppression de leur autonomie sur les plans politique, culturel et scientifique. L'ingérence de l'État et du clergé dans l'encadrement universitaire a instauré un climat de peur et d'insécurité. Ce cadre idéologique a sérieusement mis en cause une des fonctions essentielles de l'université : la construction d'un esprit averti et critique. Faute de liberté d'expression, de nombreux professeurs ont ainsi quitté l'université.

Pourtant, les nombreuses pressions exercées sur l'institution universitaire sont loin d'avoir anesthésié la pensée. Depuis le début des années 1990, on assiste au contraire à une renaissance lente et progressive de l'esprit critique à l'université. Des débats autour du rôle de l'enseignement, des problèmes de société et des réformes au sein du système religieux se mettent en place.

La multiplication des références culturelles et la diversification des sources d'information des jeunes (presse écrite, satellite, internet, livres étrangers récemment traduits en persan) ont accéléré ce processus de remise en cause de la culture officielle et du système éducatif.

Une des manifestations les plus significatives de ces changements est l'évolution observée dans la seule organisation étudiante autorisée dans les années 1980, le Daftar Tahkim Vahdat*. Cette association a clairement pris parti pour les courants réformateurs au sein du pouvoir. Elle milite aujourd'hui pour la liberté d'expression et conteste la gestion du système universitaire pratiquée dans les années 1980.

C'est finalement au sein de cette université surveillée, purgée, contrôlée et soumise à la pression idéologique que sont nés les principaux mouvements réformateurs. Nul doute que dans l'avenir son rôle moteur dans la fragile transition engagée depuis le milieu des années 1990 ne cessera de s'amplifier.

Saeed Paivandi

Sexe, amour, république

Fariba Adelkhah

L'Iran est l'un des seuls pays où la question sexuelle soit aussi explicitement politique. La transition démocratique passera par l'apaisement de la tension entre l'individu désirant et la république. Mais les clivages sur ce sujet se révèlent plus complexes qu'une opposition droite/gauche. Et c'est parfois dans les discours conservateurs qu'on entend citer Freud pour justifier la nécessité d'une libéralisation...

« Notre jeunesse est-elle dépourvue d'ambition ou déprimée ? » demandait gravement un journaliste à Mohammad Javad Ardeshir Laridjani, candidat conservateur aux élections législatives, en février 2000. Notre homme est un intellectuel appartenant à une grande famille très influente aussi bien dans le clergé que dans la classe politique. Mais sa réponse n'a rien de convenu. Souriant, voire enjoué, si l'on en croit les photos de l'hebdomadaire *Irân-é djavân*[1], il explique que cette jeunesse iranienne est bel et bien « bloquée » parce qu'elle n'est pas en mesure de réaliser ses besoins sexuels, et donc de se réaliser. Son argumentation mérite d'être attentivement analysée tant elle peut surprendre dans la bouche d'un élu conservateur.

Il rend d'abord hommage à Sigmund Freud, dont l'approche « scientifique » démontre que la répression des besoins sexuels a des conséquences inévitables sur la santé physique et mentale des individus : « Si vous n'accédez pas à la richesse à laquelle vous

1. Très populaire auprès des jeunes, le magazine *Irân-é djavân* a été suspendu en novembre 2000 par la justice conservatrice, l'accusant d'avoir publié des articles « portant atteinte à la moralité publique ».

aspirez, vous déprimerez moins que si vos besoins sexuels ne sont pas assouvis [...]. Cela veut dire que, si nous souhaitons des relations sexuelles rationnelles entre filles et garçons, nous devons lever les tabous qui pèsent sur elles. » Autrement dit, il faut d'abord admettre que ces besoins et ces relations sont naturels, avant de définir leurs limites normales et saines : « À mon avis, bien des comportements condamnables, la mauvaise humeur chez les adultes ou les excès sexuels chez certaines personnes, procèdent de la répression des besoins sexuels. Bien des attitudes violentes chez les gens ou dans leurs discours sont liées à ce nœud dissimulé dans leur vie. » Et de citer alors Max Weber, pour qui « l'essence de la modernité réside dans le fait que les gens pensent qu'ils font partie d'eux-mêmes, qu'ils sont eux-mêmes, avant de penser qu'ils appartiennent à une société ». « Nous considérons que l'appétit sexuel est un péché alors qu'il est un don de Dieu. Nous le réduisons à sa fonction de reproduction. Mais, si les relations sexuelles étaient exemptes de désir, elles seraient fades et personne ne les rechercherait. Sans satisfaction sexuelle, il n'y a pas de paix dans la vie. » Laridjani pourfend alors un autre préjugé qui, à travers la valorisation de la chasteté, assure la domination des hommes sur les femmes. Dans la société, on ne parle de chasteté qu'à propos de la femme qui attend son mari à la maison et n'a pas d'autres « fantaisies » (sic) : « Cette acception n'a rien d'islamique. Elle s'explique par le fait que l'homme veut garder la mainmise sur la femme, veut que la femme soit son bien. La chasteté est un outil de domination masculine. C'est ce que dit Michel Foucault à propos de l'éthique bourgeoise dans l'*Histoire de la sexualité.* »

Laridjani refuse de traiter de manière idéologique la question de la sexualité des jeunes. Pour lui, la République islamique ne pourra pas lever les obstacles à l'exercice de leur vie sexuelle en développant les prêts d'aide au mariage, comme le préconisent certains, car elle n'en a tout simplement pas les moyens financiers. Il recommande, par ailleurs, que l'on mette fin à la séparation des sexes dans les établissements universitaires, puisque l'expérience prouve que le taux de réussite est plus élevé dans les universités mixtes.

Une tradition épicurienne

Il faut bien mesurer l'importance de ces déclarations, exprimées dans les colonnes d'un hebdomadaire à grand tirage, destiné aux jeunes et plutôt marqué à droite. Il s'agit, de plus, d'un discours politique de candidat, et non de vagues considérations intellectuelles.

Ce beau programme n'a pas permis à Laridjani d'être élu. De même, Faezeh Hachemi, la fille de l'ancien président de la République Hachemi Rafsandjani et l'une des chefs de file du Parti des serviteurs de la reconstruction, a été battue bien qu'elle défendît avec fougue, depuis plusieurs années, la cause des femmes en revendiquant leur droit à faire du sport, à porter le tailleur et à formuler elles-mêmes leur demande en mariage. Cette façon très ouverte de parler de la sexualité et de l'égalité des sexes montre que, en la matière, la gauche dite réformatrice, qui a triomphé lors des élections, n'a pas le monopole de l'innovation. Déjà Hachemi Rafsandjani s'était distingué dès les années 1980 par des prêches évoquant ces questions - y compris, en termes voilés, la nécessaire satisfaction des besoins sexuels des épouses des martyrs de guerre -, puis en 1990 en prenant la défense du mariage temporaire *(sigheh)*, seul à même de satisfaire en toute légitimité islamique les attentes sexuelles de la jeunesse.

En effet, le chiisme reconnaît le caractère licite d'unions contractuelles et temporaires entre deux individus responsables. Ce type de contrat, d'une durée allant de quelques heures à une période illimitée, autorise l'accomplissement du désir sexuel, dont la légitimité est de la sorte admise.

Cette pratique, d'un usage assez courant notamment chez les voyageurs et les pèlerins, était dans les faits assez mal considérée, bien qu'elle ne constituât point un péché sur un plan strictement religieux. Le mariage temporaire s'est progressivement marginalisé au fur et à mesure que progressaient les idéaux de la famille conjugale et de l'amour romantique. Mais il opère aujourd'hui un véritable retour en force, tout au moins dans les discours, dans la mesure où il légitime l'activité sexuelle hors mariage à un moment où la crise économique rend plus difficile la conclusion des unions matrimoniales.

Néanmoins, le mariage temporaire, au-delà de son aspect libertaire, soulève les mêmes problèmes que le mariage ordinaire. Quelles sont les limites d'âge dans lesquelles une femme peut y avoir recours ? Comment endiguer les abus ? Comment protéger la famille de ce qui peut apparaître comme une forme déguisée d'union libre, de concubinage ou plus généralement d'institutionnalisation des maîtresses ? Que faire des enfants nés de telles relations sexuelles ? Autant de questions âprement discutées dans les médias et lors des tables rondes que l'on organise pour trouver des solutions miracles aux problèmes de la jeunesse.

Le clergé a toujours entretenu une solide tradition de grivoiserie, qui contraste avec les usages de la chrétienté. D'une part, le droit islamique est volontiers très précis sur les affaires sexuelles. D'autre part, les clercs ne répugnent pas à raconter des blagues salaces à la fin des réunions religieuses, à la fois parce qu'ils sont eux-mêmes bons vivants et parce qu'ils contribuent ainsi à la socialisation et à l'initiation sexuelle des jeunes fidèles. Il y a dans la religiosité une dimension épicurienne que l'image stéréotypée d'une république voilée de noir tend à occulter et qui pourtant est un objet d'étude explicite dans les écoles théologiques, héritage hellène oblige ! En fait, le non-dit sur le désir des femmes n'empêche pas qu'il soit une préoccupation permanente, sur le mode indirect, des discours consacrés à la sexualité ou au mariage. Il s'agit bien de cela, par exemple, quand sont évoqués les problèmes d'impuissance ou d'éjaculation précoce susceptibles de mettre en danger l'équilibre du couple, et donc celui de la société, dans les petits fascicules traitant des liens conjugaux.

Traditionnellement, la femme elle-même ne manque pas de mots ou plutôt de symboles pour s'exprimer dans ce domaine : un tchador porté à l'envers signifie qu'elle est disposée à conclure un mariage temporaire, une chaussure ou un balai retournés font allusion à la sodomie.

Amour, démocratie

L'amour (ou le sexe ?) est aujourd'hui au cœur du débat public. La forte proportion de jeunes dans la population - plus de la moitié des Iraniens ont moins de vingt ans - y est pour quelque chose. Or la libido des adolescents et des jeunes adultes a quelque peine à se frayer son chemin. La loi et plus encore le zèle des *bassidjis** ont longtemps empêché les hommes et les femmes de se fréquenter dans l'espace public s'ils n'étaient point mariés ou unis par des liens de parenté. Les contrôles ont été à certaines époques quasi systématiques, et il n'est pas d'Iraniens qui n'y aient été soumis, surtout pendant les années 1980.

Mais d'autres contraintes interviennent, peut-être plus redoutables encore, singulièrement dans les petites villes, en particulier le conservatisme des familles iraniennes, obsédées par la bonne réputation, la respectabilité, la virginité des jeunes filles et la préparation de la grande affaire de l'existence, à savoir le mariage. L'inflation, qui a dopé le prix de la dot, a transformé les fiançailles et les noces en coûteuses fêtes de la consommation. Enfin, la crise économique, depuis la révolution et la guerre contre l'Irak, a rendu inextricable le problème du logement des jeunes mariés.

Et pourtant l'amour est le domaine par excellence où s'affirme l'individu soucieux de se réaliser, quitte à devoir s'opposer pour ce faire non seulement à ses parents mais également à l'État. L'Iran est l'un des seuls pays où la question sexuelle soit aussi explicitement politique. La transition démocratique que semble annoncer l'évolution politique, en particulier depuis les législatives de 1996 et l'élection de Mohammad Khâtami en 1997, passe par l'apaisement de cette tension entre l'individu désirant et la République : celle-ci se voit de plus en plus contester ses ingérences dans le « pré carré » *(tchahar divâri)* de la vie privée. D'ores et déjà, le nouveau ministre de la Justice a interdit aux *bassidjis* de s'enquérir de l'identité des couples qui déambulent dans les espaces publics tant que ceux-ci n'attentent pas aux bonnes mœurs islamiques. Sexe et démocratisation, donc. Néanmoins, les Iraniens n'ont pas attendu cette nouvelle phase dans laquelle paraît entrer le régime pour transformer les termes de leur vie affective et sexuelle.

Sous les ruptures, la continuité

En effet, la République islamique a été un moment décisif de mutation sociale sur ce plan, et pas forcément dans le sens que l'on serait tenté de croire. Encore faut-il bien voir qu'elle ne peut pas seulement être interprétée en termes de rupture par rapport aux changements culturels que le pays avait connus sous l'empire des Pahlavi. Elle en a plutôt été la consécration sous le couvert d'une révolution religieuse.

L'exemple le plus parlant de cette continuité dans le changement est celui de la politique de planning familial. Le régime Pahlavi avait lancé le slogan : « Une meilleure vie avec moins d'enfants », au nom de la modernité et du développement économique. Il avait pris de premières mesures en faveur de la contraception.

Sous l'emprise de son idéologie tiers-mondiste et de son effort de guerre contre l'Irak, la république a tenu un discours nataliste à ses débuts. Cependant, de nombreux témoignages établissent que, dans les faits, les pratiques contraceptives n'ont jamais été condamnées ni même découragées. Et il a toujours été facile de se procurer des préservatifs ou la pilule, y compris dans les campagnes.

Quant à l'avortement, il était (et demeure) interdit par la loi, mais il est relativement courant d'y recourir sous contrôle médical, les conditions légales pour ce faire étant aisément extensibles : il est toujours démontrable qu'une naissance peut mettre la mère en danger ou que le fœtus est susceptible d'être mal formé, et ce d'autant plus facilement que, d'un point de vue religieux, l'interruption de la grossesse n'est pas condamnée aussi clairement que dans le catholicisme. Dès 1986, le taux de fécondité, dont la diminution progressive s'était interrompue lors des premières années de la République, a chuté de façon spectaculaire[2].

Depuis le début des années 1990, les autorités plaident systématiquement en faveur de la limitation des naissances, n'hésitant

2. La fécondité est passée de 7,2 enfants par femme en 1976 à 6,2 en 1986, 4,2 en 1991 et 3,7 entre 1991 et 1996.

pas à pénaliser les familles nombreuses par diverses dispositions parafiscales (droits d'enregistrement des naissances ou d'inscription dans les écoles, restriction des bons d'achat de produits de première nécessité à des prix subventionnés) ou sociales (limitation des congés de maternité à partir du quatrième enfant).

Le discours de la république est désormais sans complexe. Il n'est pas exceptionnel de voir à proximité des mosquées des affiches ou des panneaux indiquant les services où sont effectuées les opérations de vasectomie ou de ligature des trompes : « Vasectomie en deux heures, sans alitement ni anesthésie. » Pour ce qui est de la « levée des tabous », les choses paraissent bien enclenchées...

Des pratiques en mouvement

Mais surtout les attitudes affectives et sexuelles des Iraniens se sont révélées très largement autonomes par rapport à ces politiques publiques de l'État, quelle que soit la coloration idéologique de celui-ci. Elles ont suivi leurs propres logiques, leur propre rythme.

À l'époque du chah, en dépit des discours publics, les comportements dans les familles demeuraient empreints de normes coutumières, et le conservatisme social, étouffant, l'emportait clairement.

Dans ce contexte, la révolution a pris des airs de Mai 68. Moment de ferveur et même d'exaltation, elle a mis sur le devant de la scène politique les femmes, dont les rangs serrés en tête des manifestations gigantesques de l'automne 1978 étaient censés dissuader les soldats de tirer.

Les mariages noués à cette époque ont souvent reflété l'intensité de l'engagement militant et islamique : en guise de dot, un Coran et une branche de sucre candi ou, pour les gens de gauche, une rose rouge suffisaient, et l'affinité entre les époux était d'abord d'ordre idéologique. Beaucoup de ces unions se sont par la suite défaites, ainsi que l'explique une Téhéranaise de quarante ans : « Au début de la révolution, le collectivisme dominait les penchants particuliers des individus. La volonté du groupe l'emportait sur celle de la famille. La dimension affective était secondaire. C'était selon leurs responsabilités sociales et politiques que l'homme et la femme se rapprochaient. De tels mariage ont échoué quelque quinze ans après la révolution. Ils ont abouti à des divorces. Ensuite, les mariages ont eu tendance à redevenir très traditionalistes. Par exemple, juste après la révolution, il était inconvenant de dire que l'on voulait tant pour la dot, que l'on voulait de l'or, que l'on souhaitait une cérémonie de mariage. Mais, cinq ans après, au fur et à mesure que le clergé traditionaliste élargissait son champ d'intervention, les mariages sont redevenus traditionnels. »

Pourtant, ce retour au mariage traditionnel n'est pas une simple reprise des usages qui prévalaient à l'époque de l'empire. En premier lieu, il apporte un minimum de garanties aux femmes : la dot constitue une sorte d'assurance-divorce dans la mesure où les tribunaux sont enclins à en demander la restitution à l'épouse répudiée s'ils estiment que les torts reviennent au mari. Sur la base d'une législation postrévolutionnaire qui a repris l'essentiel des dispositions des lois impériales et grâce à l'introduction d'un livret de mariage qui permet éventuellement de préciser les conditions contractuelles de l'union, la jurisprudence tend à évoluer en faveur des droits de la femme et à limiter le champ de la stricte application des préceptes islamiques dans ce qu'ils ont d'inégalitaire. Toutefois, cette avancée réelle doit être nuancée : elle est lente, elle varie d'une juridiction à l'autre, elle repose sur la capacité des femmes à faire valoir leurs droits et leurs intérêts. En outre, la récupération de la dot - désormais indexée sur le taux d'inflation - par la femme répudiée est souvent illusoire compte tenu de la dégradation continue de la situation économique : le voudrait-il que l'homme condamné à restituer son bien à son épouse se trouve parfois dans l'impossibilité de le faire.

En deuxième lieu, les relations entre les conjoints ou les fiancés sont de plus en plus tributaires du mouvement de rationalisation de la vie sociale qui caractérise la modernité. Ainsi, l'alimentation du couple, l'éducation de ses enfants mais également ses rapports sexuels relèvent d'un savoir écrit, scientifique ou parascientifique, que diffuse une abondante littérature de traités d'exégèse théologique, d'opuscules pratiques du type « Comment traiter l'insuffisance sexuelle par l'alimentation » ou d'encyclopédies et que relaient aussi bien la télévision et la radio que les réunions religieuses. Si l'on reprend le cas des besoins sexuels, dont la légitimité, nous l'avons vu, est reconnue par les clercs et les manuels théologiques les plus répandus, leur non-satisfaction est un motif de divorce suffisant : les tribunaux admettent volontiers qu'elle compromet la santé du conjoint frustré et donc l'équilibre de la société. L'ayatollah* Khomeyni n'interdisait-il pas, dans son œuvre juridique fondamentale sur *Le Sens pratique (Tahrir-ol vasileh)*, l'abstinence sexuelle (littéralement l'« abandon de la copulation ») entre époux au-delà de quatre mois sans consentement de la femme, sauf « raison fondée » ? Cette rationalisation éminemment positiviste de la sexualité et de l'amour va jusqu'à donner lieu à de véritables calculs économiques. L'ayatollah Mottahari estimait ainsi que la femme était en droit de se faire rémunérer par son mari pour l'allaitement de leur enfant, et l'argument est toujours avancé dans les réunions religieuses pour signifier combien l'islam est favorable à la condition féminine. De même, selon l'ayatollah Iazar Shirazi, l'avortement est soumis à une taxe religieuse, le « prix du sang », dont le montant croît avec l'âge du fœtus : 20 dinars entre un et quarante jours, 40 entre quarante et quatre-vingts jours, 60 entre quatre-vingts et cent vingt jours, 1 000 dinars à partir de ce cent vingtième jour où l'âme vient habiter le corps - mais il est divisé par deux si celui-ci est de sexe féminin.

Un souffle de romantisme

En troisième lieu, l'amour s'affiche de façon croissante dans l'espace public, parfois en réaction contre la répression ou les contraintes auxquelles l'a soumis la république. Les couples d'époux ou de fiancés se tiennent désormais ostensiblement par la main dans la rue et les parcs, comme pour narguer les forces de l'ordre et le qu'en-dira-t-on, ce qui était impensable il y a vingt ans. Bien sûr, les liaisons dites illégitimes ne peuvent s'afficher de la sorte, mais pour combien de temps ?

Car la communication entre les individus est extraordinairement aisée et spontanée dans les grandes villes iraniennes, une évidence qui ne manque pas de frapper les voyageurs venus des pays voisins. Les jeunes ne sont évidemment pas les derniers à s'aborder de la sorte, et ce d'autant plus que l'espace public s'est considérablement étendu et diversifié ces vingt dernières années.

De même, la multiplication des cabines téléphoniques à carte et l'apparition de l'internet facilitent, au moins dans les milieux relativement aisés, les échanges à l'abri de la surveillance de la famille : les jeunes filles pendues par groupes au téléphone sont devenues l'une des scènes familières de la rue en Iran, ce qui n'est pas sans provoquer l'irritation des adultes affairés lorsqu'ils veulent passer un bref coup de fil et doivent attendre la fin d'un flirt.

Ainsi, l'engouement pour l'amour romantique et, de façon encore implicite, pour sa consécration sexuelle est désormais un fait de société. Le succès de *Titanic* a été phénoménal : si la superproduction n'a pas été projetée dans les salles, sa cassette vidéo a massivement circulé sous le manteau. Les jeunes ont placardé dans leur chambre les posters du couple magique et ont porté des tee-shirts à son effigie, les garçons se coiffant même à la Leonardo Di Caprio - mode à laquelle céderont le célèbre chanteur Shadmehr Aghili et certains candidats aux élections municipales de 1999. Rien de sulfureux dans cette vogue. Après tout, l'amour entre les héros est pur et - à une scène de voiture embuée près - chaste pour qui veut bien y croire. Son histoire ne constitue qu'une reprise hollywoodienne d'un thème à la fois universel et très iranien : celui d'une passion qui transcende les classes sociales et qui en l'occurrence est une variation transatlantique du mythe de Leili et Madjnoun.

Ce tabac de *Titanic* n'a d'ailleurs été que le contrepoint d'un genre cinématographique qui ne cesse de s'affirmer depuis le début des années 1990, mettant en scène les heurs et malheurs du couple rêvé. Argument éternel mais pourtant historiquement et sociologiquement bien situé dans l'Iran d'aujourd'hui. Des films comme *Sara*, *Leila*, *Marziyeh*, *Narges*, *Roussari abi* (Le Foulard bleu), *Echgh-é bedoun-é marz* (L'Amour sans frontière), *Do zan* (Les Deux Femmes), parlent de cet amour forcément légal, à la fois passionné et idéalement responsable, soumis aux aléas du destin mais aussi de la belle-famille et aspirant à s'émanciper des stéréotypes imposés par la société. Il est significatif que plusieurs de ces œuvres aient eu pour réalisateurs des femmes, telles Rakhshan Bani Etemad et Tahmineh Milani.

L'audience de ce genre tient en grande partie à ce qu'il permet aux spectateurs de s'identifier aux héros, dont ils partagent les espérances et les problèmes. Elle a, elle aussi, donné lieu à de puissants effets de mode en matière de maquillage, de foulard, de robe de mariée, de manteau islamique et même de blouse, de pantalon et de jupe puisque les actrices ne portent presque plus, désormais, leur manteau dans les scènes d'intérieur, contrairement à ce qui était imposé par la censure il y a quelques années encore.

En outre, elle va de pair avec le retour en force de la chanson d'amour : bien que les chanteuses soient toujours interdites d'antenne, à commencer par la divine Gougoush, les grandes interprètes donnent des récitals devant des publics exclusivement féminins et leur répertoire est largement repris à la radio, à la télévision ou dans les cassettes par les chanteurs. Ce à quoi il faut ajouter les best-sellers de Farideh Rahimi, des romans à l'eau de rose comparables à ceux de la collection Harlequin, ou plus encore celui de Fattaneh Hadj Seyd Djavadi, *Le Réveil ensorcelé (Bamdâd-é khomâr)*, qui ferait plus penser à l'œuvre de Kenizé Mourad, *De la part de la princesse morte.*

Il est à peu près impossible de savoir quelles sont les pratiques sexuelles concrètes des Iraniens qui s'identifient à ces héros cinématographiques, littéraires ou musicaux, d'autant que ces dernières connaissent évidemment de fortes variations selon les milieux sociaux, les âges et le sexe. La part de la déviance - aux yeux de la loi, de la morale de la République islamique ou du conservatisme social - ne doit pas être sous-estimée, si l'on en croit certains témoignages. Elle serait même, dit-on, en hausse : les viols et les enlèvements de jeunes filles, les assassinats de parents non consentants, se multiplient et font les choux gras des tabloïds. Mais il n'est pas possible de se faire une idée exacte de ce que représentent la prostitution, l'homosexualité, la masturbation, les relations sexuelles entre adultes et adolescents ou plus simplement entre jeunes. Il est notamment difficile de savoir si la passion entre ces derniers ne continue pas de supposer que leur relation demeure platonique ou si elle peut désormais s'accommoder de la pratique du flirt. L'idéal demeure celui d'un amour passionnel, respectable et responsable, que célébrait déjà la poésie moderne d'avant la révolution, sous la plume d'un Ahmad Shamlou : en bref, le propre de cet « être en société » qui ne cesse de s'affirmer depuis les années 1960 et avec lequel la République islamique a bien dû composer.

Les objets de l'amour

Cette continuité dans les affaires du cœur est évidente si l'on considère la culture matérielle de l'amour. Ainsi, la chambre à coucher s'est progressivement imposée comme l'espace intime du couple, dans un habitat qui jadis n'était pas compartimenté en fonction des besoins spécifiques des parents et des enfants. Mais, bien plus qu'avant la révolution, cette pièce est un témoignage de la réalisation sexuelle de l'amour. L'aménagement de la chambre à coucher est devenu un élément essentiel de la dot des jeunes filles. Et le lit, avec sa parure, reste largement l'apanage des parents : faute de place, les enfants continuent le plus souvent de dormir sur des matelas de coton que l'on déroule au moment du coucher. De même, la joaillerie, la lingerie, les cosmétiques - aussi bien pour les hommes que pour les femmes -, sont devenus des biens de consommation de première importance qui, au même titre que l'électroménager et l'audiovisuel, contribuent à donner lieu à un commerce informel florissant avec Dubaï et la Turquie.

Le cinéma et la télévision ont précisément beaucoup fait pour diffuser cette culture matérielle de la conjugalité. Mais, sur un mode plus intime, la banalisation de l'usage des préservatifs, des stérilets ou des serviettes et surtout des tampons hygiéniques confirme que la sexualité des Iraniens relève désormais de la sphère marchande, signe parmi d'autres de la modernité du pays.

Mariage et vidéo

Or la médiation des objets permet la recomposition des pratiques sexuelles et affectives. Par exemple, l'enregistrement vidéo des cérémonies de mariage, qui s'est généralisé au point de donner naissance à une nouvelle activité professionnelle pour les femmes, modifie progressivement le déroulement du rituel, lui donnant une solennité, un faste et une longueur inédits.

Dans le souci d'immortaliser l'événement, les jeunes époux, leurs parents, leurs invités, se mettent littéralement en scène et transforment la célébration du mariage en véritable jeu de rôles : le père du fiancé remet solennellement à son fils sa veste d'apparat avant qu'il ne prenne place dans la voiture décorée pour aller chercher sa belle ; les jeunes promis attendent longuement sous l'arche fleurie le moment décisif de l'engagement ; les femmes les plus prospères de la famille procèdent à la mouture des cônes de sucre sur un tissu déployé au-dessus de la tête du couple sur lequel elles cousent des fils de couleur ; de façon ostensible, sous les yeux ravis de l'assistance, la voiture emmène les nouveaux époux, enfin seuls, en voyage de noces, encore que celui-ci s'achève souvent quelques kilomètres plus loin, à leur domicile !

La modernité et le « goût du jour » sont au cœur de cette dramaturgie matrimoniale : la caméra s'appesantit sur le stylo orné de tissu et de fleurs grâce auquel sera bientôt signé l'acte de mariage, sur le couteau qui tranchera la pièce montée ou sur la longue séance de remise des cadeaux. Mais, dans le même temps, des rituels traditionnels ou supposés tels se voient réhabilités ou sont purement et simplement inventés : ainsi de l'enterrement de la vie de garçon (et aussi maintenant de jeune fille !), de la combustion de graines d'*espand* censées apporter la bonne fortune et éloigner le mauvais œil ou encore de l'adornement des fiancés au henné.

En définitive, la mode du mariage traditionnel tient pour beaucoup à cette innovation, à la fois technologique et culturelle, de son enregistrement sur cassettes vidéo. Leurs diffusion et rediffusion en famille ou entre amis contribuent à la reproduction d'un rituel standardisé et magnifié, un temps fort de conformisme, de distinction mais aussi d'accomplissement personnel et objet d'un investissement intense tant sur le plan affectif que sur celui de la compétition sociale.

Néanmoins, ce traditionalisme ne doit pas faire illusion. Le retour sur le privé qu'il signale et véhicule n'est pas contradictoire avec les exigences de conformisme et de participation sociale : il semble de plus en plus courant que des femmes, avant de se marier ou de se remarier, se fassent chirurgicalement recoudre l'hymen ou tout au moins s'assurent auprès de leur gynécologue que celui-ci est intact. Il s'agit dans leur esprit, selon les cas, de sauver leur honneur et celui de leur famille ou de procurer au conjoint du deuxième lit le même plaisir que lui aurait apporté une jeune fille vierge. Le conservatisme en matière de principes fait alors bon ménage avec l'audace du comportement et la maturité de la conscience sexuelle.

On comprend mieux dans ces conditions qu'un député conservateur tel que Laridjani puisse faire preuve d'ouverture sur la « levée des tabous » de la sexualité. Par tropisme idéologique, la droite est sans doute mieux placée pour comprendre et admettre l'affirmation du soi dans la sphère privée, dont elle a défendu l'autonomie face à une gauche étatiste, voire socialiste. Même si, dans le même temps, elle se montre rétive à l'encontre de la libéralisation des mœurs et encourage les *bassidjis* à faire respecter l'ordre moral islamique sur la voie publique.

En réalité, il ne s'agit pas d'une opposition claire entre un camp conservateur hostile aux changements et une gauche acquise à la réforme, y compris en matière sexuelle. Par exemple, une Jamileh Kadivar, tête de proue des khâtamistes à Téhéran lors des législatives de février 2000, s'est révélée plus timorée sur la question du voile qu'une Faezeh Hachemi, classée plus à droite sur l'échiquier politique. Elle a refusé d'envisager l'organisation d'un référendum à ce propos, alors que la fille de l'ancien président de la République, tout en insistant sur le rôle bénéfique du hedjab* dans la promotion sociale de la femme depuis la révolution, condamne de manière explicite le principe même de son obligation.

Au-delà des clivages factionnels, la question qui se pose de plus en plus est celle de la capacité de l'État à régenter la sphère privée, et jusqu'à l'intimité, des Iraniens. Chacun des courants politiques y répond certes à sa manière, mais aussi au prix de divisions et de polémiques internes.

Au fil de ces discussions et de ces affrontements, c'est bien le caractère islamique de la république qui est en jeu. Mais celui-ci ne se trouvera pas forcément menacé par la vivacité du débat public ni par la redéfinition des prérogatives de l'État. On dit parfois que la République islamique ne tient plus qu'à un voile : l'obligation du hedjab serait le dernier rempart d'un régime dépassé par les transformations sociales, comme si le conservatisme était par nature islamique et comme si inversement la religion était par définition un facteur d'inertie. Or les institutions pourraient fort bien s'accommoder de la disparition de ce symbole sans perdre en légitimité, pourvu que soit déplacée la frontière entre ce qui relève de la gestion de la puissance publique et ce qui relève de l'autonomie des individus.

Fariba Adelkhah

La tentation du satellite

Morteza Monadi

En dépit des efforts des autorités pour perpétuer les valeurs de l'islam par la télévision, les jeunes se tournent irrémédiablement vers les programmes américains, turcs et indiens diffusés par satellite ou cassettes vidéo pirates. Ceux qui s'abreuvent aux deux sources ont du mal à s'y retrouver : « Je trouve intéressant ce que la télévision m'apprend sur l'islam. Mais, quand je regarde la parabole, les idées qui y sont véhiculées m'intéressent et me plaisent. Du coup, j'ai la tête qui tourne et je demande à Dieu de m'aider », explique une jeune fille.

Depuis l'instauration de la République islamique, la télévision d'État est un des principaux organes de propagande du régime. Récemment encore, près de 80 % des émissions avaient un caractère religieux. Les six chaînes nationales consacraient l'essentiel de leur programmation à des reportages moralisateurs, à des émissions et à des débats sur des sujets liés à l'islam, souvent en présence de membres du clergé. Elles saisissaient toutes les occasions pour dénoncer les intellectuels, les États-Unis et Israël.

Cette propagande *via* le petit écran doit être comprise dans le cadre de la politique d'islamisation de la société iranienne depuis la révolution. À titre d'exemple, quelque cent soixante jours de l'année (soit 45 %) sont réservés à des fêtes commémorant des événements comme la naissance et la mort du Prophète et des douze imams* chiites. À cela il faut ajouter la prière hebdomadaire du vendredi, le mois de ramadan et les dix jours de fête nationale en l'honneur de la révolution. À l'école, entre la lecture hebdomadaire du Coran, le cours obligatoire de langue arabe et l'enseignement théologique, les élèves sont en permanence sollicités par la religion. L'islam occupe également une place importante dans les cours de littérature, et les manuels scolaires s'ouvrent tous sur la photo de l'ayatollah* Khomeyni. À l'université, la propagande se poursuit avec la présence de l'association islamique, qui organise régulièrement des activités religieuses. Par ailleurs, sur les cent trente-cinq unités de valeur nécessaires pour obtenir un diplôme de licence (quelle que soit la filière), on en compte vingt-trois de théologie obligatoire.

Dans ce contexte, l'écoute des télévisions étrangères captées par satellite constitue à la fois une source d'informations en alternative face aux sempiternelles dénonciations du « grand satan » et un moyen d'échapper à la grisaille moralisante, à cette culture de mort et de martyre diffusée par les organes du pouvoir.

Le diable par les antennes

Depuis une loi votée par le Parlement iranien en septembre 1994, l'importation, la fabrication, la distribution et l'usage des paraboles sont formellement interdits. Les contrevenants risquent des peines allant jusqu'à l'emprisonnement. Surnommées « antennes paradiaboliques » par les religieux, elles sont accusées d'être les vecteurs de la fameuse « invasion culturelle occidentale ». Elles sont considérées comme *harâm*, c'est-à-dire religieusement illicites. Pourtant, ces dernières années, elles ont envahi les foyers, à tel point que le sixième Parlement, majoritairement réformateur, envisage d'autoriser leur utilisation. Les Iraniens sont en effet nombreux à s'être équipés de petites paraboles faciles à dissimuler, fabriquées au Japon, leur évitant ainsi l'intervention des *hezbollahi**. Bien sûr, il s'agit d'un produit onéreux qui correspond à trois mois de salaire d'un enseignant de lycée et à presque un an de salaire d'un ouvrier. Pourtant, de nombreux Iraniens se sacrifient pour l'acheter. Ceux qui n'en ont pas les moyens se contentent de visionner des enregistrements. Dans certains ensembles d'habitation, une antenne collective sert à plusieurs dizaines de familles. Aujourd'hui, la parabole commence même à pénétrer les milieux traditionnels.

Les jeunes sont les principaux consommateurs des programmes du satellite. « Je regarde les variétés et les émissions qui me font rire sur le satellite. Comme il n'y a que des programmes tristes à la télévision, nous préférons regarder les chaînes étrangères », témoigne une Téhéranaise de dix-neuf ans. Leurs chaînes favorites sont à dominante musicale, comme Star TV de l'Australien Murdoch, MTV ou encore les chaînes turques et indiennes. En général, ils préfèrent les programmes de variétés, les clips vidéo, les feuilletons télévisés et les matchs de football. Récemment, l'arrivée de la chaîne NITV (National Iranian Television) sur le satellite a véritablement conquis les jeunes. Cette télévision, créée par un groupe d'Iraniens exilés à Los Angeles, propose des programmes culturels et de divertissement vingt-quatre heures sur vingt-quatre. On peut y voir aussi bien des vieux films en noir et blanc datant de l'époque du chah que des concerts des ex-stars de musique pop réfugiées aux États-Unis depuis la révolution, comme le grand chanteur Dariush. Il y a aussi le *talk show* quotidien, qui propose des débats en direct avec des Iraniens téléphonant depuis l'Iran.

Par ailleurs, le magnétoscope est présent dans plus de 60 % des ménages qui disposent d'un téléviseur. La nouvelle génération est très friande de films américains, mais aussi turcs et indiens. Vendues sous le manteau, ces cassettes sont la plupart du temps des copies pirates de mauvaise qualité, importées clandestinement de l'étranger. C'est ainsi que la vidéo de *Titanic* a fait le tour de l'Iran.

En dépit de tous les efforts déployés par l'État, la culture occidentale n'a donc pas été rejetée. La plupart des mouvements de mode chez les jeunes Iraniens sont calqués sur ce qu'ils voient sur le satellite et les vidéocassettes. Ils citent Madonna et Michael Jackson parmi leurs chanteurs préférés. Ils affichent des posters de Leonardo Di Caprio et de Sylvester Stallone sur les murs de leur chambre. L'influence occidentale prend également forme à travers les tenues vestimentaires (jeans et tee-shirts serrés pour les garçons, chaussures à talon compensé pour les filles), la coiffure (cheveux gominés, mèches colorées), les ornements décoratifs (croix de Madonna autour du cou et piercing au nez pour les filles), voire la façon de marcher et de parler (l'utilisation de certains mots anglais se généralise dans le vocabulaire iranien). Des chaussures Titanic au sac Titanic en passant par le collier du même nom, les produits dérivés fabriqués localement abondent.

Face à cette situation, une circulaire d'avril 2000 a finalement autorisé les particuliers à détenir des cassettes vidéo et des posters à condition qu'ils n'en fassent pas la commercialisation[1]. Finalement, les autorités ont dû reconnaître et entériner un état de fait.

« J'ai la tête qui tourne et je demande à Dieu de m'aider »

Soumis à l'influence parallèle de la télévision nationale et de la parabole, les jeunes s'abreuvent à des sources culturelles complètement contradictoires. Il n'est pas toujours facile de s'y retrouver, comme en témoigne cette jeune fille de dix-neuf ans qui prépare le concours d'entrée à l'université : « Je crois en Dieu et je suis prête à faire tout ce que l'islam nous demande. Je trouve intéressant ce que mes parents, l'école et la télévision m'apprennent sur l'islam. Mais, quand je regarde la parabole chez mes amis, je me rends compte que les idées qui y sont véhiculées m'intéressent et me plaisent. Du coup, si je prends en compte ces différentes sources, j'ai la tête qui tourne et je demande à Dieu de m'aider. » Des doutes partagés par de nombreux jeunes, comme ce garçon de dix-neuf ans qui prépare le concours d'entrée à la faculté de médecine. Croyant et pratiquant, il fait *a priori* confiance à la télévision islamique. Mais, en regardant les actualités médicales, il remarque : « D'un côté, la télévision iranienne me dit que les Occidentaux iront en enfer, car ils ne font que du mal. De l'autre, les programmes scientifiques et médicaux nous montrent chaque jour de nouvelles découvertes en Occident et particulièrement aux États-Unis. Cela veut donc dire que les États-Unis font des avancées spectaculaires et très rapides dans la science. Du coup, je

1. Une loi votée par le Parlement en décembre 1993 établissait les délits concernant la production, la distribution et la diffusion de films vidéo. Elle prévoyait également des peines de prison et des amendes très élevées pour les fraudeurs et, dans certains cas exceptionnels, la peine de mort pour les récidivistes.

m'interroge : si tous les Occidentaux sont dans le vice et ne font que du mal, comment peuvent-ils en même temps faire autant de progrès et avoir autant de succès dans leurs recherches ? Franchement, je suis perdu. »

Les chaînes nationales à la recherche d'une nouvelle image

L'enthousiasme des jeunes pour les antennes paraboliques inquiète aujourd'hui les autorités conservatrices. Celles-ci ont donc décidé de lancer une politique d'amélioration de la qualité des programmes pour tâcher de les rendre plus attrayants auprès de la nouvelle génération.

C'est ainsi que la première chaîne a commencé à réduire ses programmes religieux pour faire plus de place aux feuilletons, séries et émissions récréatives pour les jeunes. De même pour la deuxième chaîne, qui a récemment multiplié la diffusion de films, de pièces de théâtre et de dessins animés. Quant à la troisième chaîne, lancée en 1993 et qui a pour cible principale la jeunesse, elle consacre l'essentiel de ses programmes au sport et cherche actuellement à développer la diffusion de séries. Deux nouvelles chaînes ont également vu le jour en 1996. L'une se consacre en grande partie aux problèmes scolaires de la jeunesse et l'autre multiplie les programmes sélectionnés et sous-titrés de chaînes satellitaires. De plus en plus de films étrangers sont diffusés sur le petit écran iranien. Même si les scènes d'amour subissent toujours les coups de ciseaux de la censure, on y voit apparaître des femmes sans foulard en gros plan. La musique rythmée, jugée anti-islamique dans les premières années de la révolution, retrouve progressivement sa place sur le petit écran, *via* les vidéoclips des nouveaux chanteurs iraniens de musique pop. Les séries télévisées inspirées des sitcoms américaines se multiplient. Elles traitent de sujets en rapport avec la famille, la vie des étudiants ou encore les relations entre amis. Les sketches, sous forme de one-man show ou de duo comique, se positionnent comme un nouveau genre. Ils se basent sur des sujets tirés de la vie quotidienne, tout en mettant indirectement l'accent sur certains problèmes sociaux, voire culturels et politiques.

La télévision nationale *new look* réussira-t-elle à concurrencer l'attrait pour les programmes venus d'ailleurs ? Cette volonté de renouvellement prouve en tout cas qu'aujourd'hui en Iran aucune autorité, si conservatrice soit-elle, ne peut plus se permettre d'ignorer les aspirations de la jeunesse.

Morteza Monadi

Avoir vingt ans dans le ghetto afghan

Serge Michel

Près de deux millions d'Afghans vivent en Iran, pays qui accueille au monde le plus de réfugiés. « Accueille », c'est beaucoup dire : les communautés iranienne et afghane ne se croisent pas. Les réfugiés, à qui le pays doit pourtant la majorité de ses constructions, sont accusés de tous les maux, et un programme de renvoi est en cours. Portrait de Hassan, jeune Afghan de Machhad, qui rêve d'entrer à l'université mais ne possède qu'une chemise et ne mange de la viande qu'une fois par mois.

Hassan ne le sait pas, mais il a eu de la chance. Des quatre voies qui s'offraient à lui, ce garçon de vingt ans du ghetto afghan de Machhad a probablement choisi la meilleure.

Le plus facile aurait été de se retrouver au « carrefour des Animaux ». C'est un angle de rue comme les autres dans ce quartier de Golshar, où les vieux aux yeux plissés s'accroupissent le soir pour causer, où les *djoub* (caniveaux) charrient les couleurs étranges des teintureries clandestines, où tout ce qui porte un turban n'est pas mollah*, où les indics de la police se taillent des barbes à l'afghane pour passer inaperçus, où les doses d'opium et d'héroïne changent de mains dix fois par jour, où l'on parle le tadjik, l'ouzbek et le pachtou en plus du persan et où leurs jambes de bois rappellent aux gosses que l'Afghanistan est miné et qu'ils ont bien fait de le quitter.

Un angle de rue comme les autres, donc, sauf que c'est contre les murs de ce croisement que les voyous de Golshar ont choisi de s'appuyer d'une épaule avant et après leurs petits méfaits dans le quartier. Rien de très grave : le plus méchant chez les membres de la bande ce sont leurs noms. Ils s'appellent Tigre, Serpent, Scorpion, Éléphant, Chacal - d'où le nom du carrefour. Tigre est spécialisé dans le vol de bicyclettes. Chacal n'a pas son pareil pour ouvrir les portes verrouillées. Scorpion vient d'être arrêté : il sera expulsé dans une semaine en Afghanistan, où il lui faudra quelques jours pour rassembler les fonds nécessaires au voyage du retour en Iran.

Pour éviter d'aller s'appuyer au carrefour des Animaux, Hassan, de petite taille et dont les traits tirés rappellent ceux des confins de la Chine, aurait pu suivre son frère à la briqueterie. C'est un endroit sinistre, à vingt kilomètres de Machhad, où seuls les Afghans ont le courage de travailler. D'abord, ils moulent de petites briques pleines dans un mélange d'argile et de sable. Puis ils en font une pyramide de trois mètres au-dessus d'une galerie souterraine, où du bitume est propulsé à grande puissance sur une flamme. À ce régime, la cuisson des briques dure un mois, que les ouvriers passent dans la fournaise des galeries.

Autre possibilité : le tissage de tapis dans un atelier clandestin du quartier. Celui que nous avons visité se cachait derrière une porte ordinaire. Un œil étonné est apparu dans un trou à côté de la serrure. La clé a tourné trois fois et la porte s'est ouverte sur une dizaine de gosses assis devant leur ouvrage coloré. Ils avaient entre dix et dix-huit ans. « Les petits fument de l'opium et les grands sont à l'héroïne, a soupiré le patron des lieux, jurant se donner toutes les peines du monde pour que ses jeunes employés abandonnent la drogue. J'essaie au moins qu'ils ramènent à la maison une partie de leur salaire. Les familles en ont besoin pour vivre. » À 500 tomans la dose d'opium (4 francs) et 6 000 tomans le gramme d'héroïne pure (48 francs), le salaire de 1 000 tomans par jour (8 francs) est vite englouti.

On peut aussi être toxicomane dans le ghetto afghan de Golshar sans tisser des tapis : un travailleur de l'atelier estime qu'un tiers des jeunes du quartier sont des consommateurs réguliers d'opium, produit dans leur pays natal. « L'arrivée récente d'héroïne raffinée en Asie centrale a posé de nouveaux problèmes », dit-il. L'an dernier, huit de ses amis sont morts d'overdose. Le nombre de toxicomanes aurait augmenté lorsque les autorités de

Machhad, qui font leur possible pour empêcher les Afghans de se sentir chez eux en Iran, ont fermé les clubs de sport ouverts sans autorisation par des jeunes à Golshar.

Hassan, lui, ne veut rien de tout cela. « Mon rêve, dit-il, c'est d'étudier, d'écrire des livres, d'être utile un jour à mon pays, où il n'y a que 12 % de gens éduqués. » Le père, trop malade pour exercer encore son métier d'orfèvre, a accepté cette répartition des tâches : le fils aîné à la briqueterie pour ramener un salaire de 24 000 tomans par mois (200 francs), Hassan aux études et la fille cadette bientôt mariée. Le problème, c'est que Hassan ne peut pas étudier. « J'ai passé mon bac il y a trois ans avec d'excellents résultats, dit-il. Mais, comme ma famille n'a qu'un permis provisoire de résider en Iran, je n'ai pas le droit d'entrer à l'université. »

La fréquentation de l'école jusqu'au bac a déjà été une sorte de miracle bureaucratique. Sur 1,5 million d'Afghans officiellement en Iran (le chiffre réel dépasserait les deux millions), la moitié seulement possèdent une carte bleue, l'équivalent du permis de séjour, qui donne droit à l'école. Les autres doivent éduquer leurs enfants à la maison ou dans des classes clandestines, sans cesse fermées par la police. Ainsi, beaucoup d'enfants restent illettrés, alors que la scolarisation des petits Iraniens, elle, a fait des progrès considérables depuis la révolution de 1979, pour frôler les 96 % aujourd'hui.

En vérité, la famille de Hassan disposait d'une carte bleue jusqu'en 1993. Appartenant à la minorité chiite des Hazaras, elle a quitté Bamiyan, au centre de l'Afghanistan, à cause des violences perpétrées par l'armée soviétique au milieu des années 1980, à l'époque où l'Iran accueillait encore avec enthousiasme ses « frères » musulmans victimes de l'impérialisme soviétique. Le discours khomeyniste parlait bien de révolution islamique universelle, mais cette générosité était aussi intéressée : en guerre contre l'Irak, Téhéran avait grand besoin des Afghans dans l'agriculture et l'industrie. On murmure également que certains sont morts au front. Du coup, en 1993, l'Iran a cherché à faire rapatrier tous les réfugiés dans l'Afghanistan libéré. Trois mois après le début des renvois, le frère aîné de Hassan a été arrêté dans la rue et placé dans un centre de transit, où sa famille, qui a sur-le-champ perdu sa carte bleue, devait le rejoindre pour être conduite à la frontière. Opération annulée en dernière minute : la milice des talibans avait fait entre-temps son apparition et une nouvelle guerre ravageait l'Afghanistan.

« Nous avons fait des centaines de démarches pour récupérer notre permis de séjour. En vain », soupire Hassan, qui a pu terminer l'école avec un permis provisoire. Mais, pour l'université, il faut une nouvelle loi. En attendant, Hassan rafraîchit ses connaissances en relisant ses manuels scolaires une heure chaque matin et deux heures le soir. Le reste du temps, il brode des coussins, c'est sa spécialité. « Je travaillais dans un atelier clandestin de broderie, explique-t-il. Mais les horaires étaient trop contraignants. Je ne pouvais pas étudier. » Pour broder à la maison, il a acheté à son patron la machine à coudre chinoise à 1 500 francs sur laquelle il travaillait. « Acheté », c'est beaucoup dire : Hassan doit encore broder gratuitement durant des mois pour la rembourser complètement.

Du coup, les revenus de la famille sont modestes. « Nous ne mangeons de la viande et des pois qu'une fois par mois », dit-il. Le menu des autres jours est invariablement composé de riz, de légumes et de patates. Cette même famille, propriétaire de terres et de bétail en Afghanistan, mangeait autrefois de la viande tous les jours. « Je n'ai qu'une chemise et qu'un pantalon, que vous voyez sur moi », poursuit Hassan. Il les lave le soir pour les remettre le lendemain, jusqu'à ce que l'un et l'autre soient suffisamment usés pour en faire des habits de travail.

Silence soudain dans la maison. Dans l'autre moitié de la pièce unique, séparée par une tenture grise, la sœur cadette - qu'il nous sera interdit d'apercevoir - a aussi interrompu sa discussion avec son amie, sans doute pour écouter Hassan. Il parle d'une voix douce. Dans ce quartier de brutes, il est un ange. « Pour éviter le harcèlement de la police, je ne déambule jamais dans la rue pour ne rien faire, dit-il. Je n'ai pas de petite amie, c'est interdit par notre religion et nos traditions. Non, je n'ai jamais regardé de fille dans les yeux, alors je ne me suis jamais demandé s'il y en avait une que je préférerais aux autres. Lorsque notre situation économique sera meilleure, mes parents me choisiront une femme, comme ils l'ont fait pour mon frère aîné. Oui, je l'accepterai. Non, je ne suis pas troublé par les questions sexuelles. Oui, il m'arrive de demander à Allah de me trouver une femme bonne et gracieuse, et que le mariage ne tarde pas trop. De toute manière, c'est assez facile d'épouser une Afghane. Elles sont habituées à la misère. Elles ne demandent jamais des dots très élevées. Ce qu'elles veulent, c'est juste survivre. » Dans la tradition afghane, le marié doit rembourser le *shir baha*, le prix du lait consommé par son épouse au sein de sa mère. Le prix du lait, dans les ghettos afghans de Machhad, varie aujourd'hui entre 300 000 et 400 000 tomans (entre 2 400 et 3 200 francs).

La nuit est tombée : Hassan se lève pour allumer l'unique ampoule de la maison. Les objets de la pièce sortent soudain de la pénombre. L'inventaire est vite fait : quatre coussins brodés (le motif représente un cerf dans la forêt de Bamiyan), un tapis sur lequel la famille se tient toute la journée, mange et dort, des matelas de coton empilés dans un coin et couverts de tissus colorés, une caisse de métal contenant les habits de la famille et les livres de Hassan, la fameuse machine à coudre chinoise et un miroir en plastique accroché au mur. À part un billet de banque des années 1970 portant l'effigie du dernier roi d'Afghanistan, rien dans cet espace ne rappelle à la famille de Hassan son pays natal. « Nous avons quitté Bamiyan avec un mulet chargé de nos biens. Des matelas, des tapis, des bijoux. Nous avons dû vendre les bijoux pour payer le passeur qui nous a conduits en Iran. Les douaniers iraniens nous ont confisqué le reste en disant que cela transportait des maladies. »

Les douaniers disent beaucoup de choses, les Iraniens ordinaires plus encore. Malgré la composition multiethnique de l'Iran, malgré l'histoire commune des deux pays et la religion qui devrait les rapprocher, le racisme contre les Afghans est flagrant. Plus de 80 % des Iraniens refusent de s'installer dans une maison où l'un des appartements est habité par une famille afghane. Pis encore, qu'un de ses enfants épouse un Afghan ou une Afghane.

Hassan, lui, prétend ne pas souffrir du racisme. C'est qu'il ne côtoie jamais les Iraniens : il ne sort du ghetto afghan qu'une fois par semaine, pour aller prier au mausolée de l'imam Reza à

Machhad. Tous ses amis sont afghans, et il n'a qu'une idée très vague des changements en cours dans son pays d'accueil. « J'ai entendu qu'il y avait eu des élections, dit-il en parlant des législatives de février 2000. Je crois que ce sont les amis du président qui ont gagné, mais je n'en suis pas sûr. » Hassan ne connaît aucun des réformateurs adulés par la jeunesse iranienne : les noms d'Abdollah Nouri, de Mohsen Kadivar ou d'Akbar Gandji ne lui disent rien.

Avec la révolution islamique, les nationalisations qui ont suivi, les huit ans de guerre contre l'Irak et l'isolement international de l'Iran, le pouvoir d'achat n'est aujourd'hui que le quart de ce qu'il était en 1979. Pourtant, quand il faut désigner un bouc émissaire, il est toujours afghan. Dans un discours du printemps 2000, le président réformateur Mohammad Khâtami a estimé qu'il fallait créer huit cent mille emplois pour les jeunes. Trois jours plus tard, le ministère de l'Intérieur a annoncé qu'il y avait huit cent mille Afghans clandestins en Iran. « La collision de ces deux chiffres n'est pas une coïncidence, estime un diplomate à Téhéran. Les autorités nourrissent sciemment une psychose contre les Afghans. » Avec la criminalité, l'accusation principale est de voler du travail aux Iraniens, « mais il reste à prouver, poursuit le diplomate, que les Iraniens sont disposés à reprendre les travaux très durs des Afghans ». Ce sont le plus souvent des réfugiés clandestins, sous-payés, qui travaillent, nuit et jour, dans les milliers de chantiers du pays. Même la municipalité de Téhéran en emploie : on les voit, la nuit, balayer les autoroutes.

Cela n'empêche pas une lourde majorité d'Iraniens de souhaiter le départ des Afghans. Selon un sondage commandé au début de l'été 2000 par la revue *Goftogou* (Dialogue), 74 % des Iraniens estiment qu'il faut renvoyer immédiatement, et coûte que coûte, les réfugiés chez eux. De ces 74 %, seuls 18 % considèrent qu'une situation de guerre en Afghanistan serait une raison de cesser les renvois.

Pressé par le gouvernement iranien, le Haut Commissariat aux réfugiés des Nations unies (HCR) a donc lancé en avril 2000, avec le ministère de l'Intérieur, un vaste programme de rapatriement destinés aux Afghans sans papiers. Jusqu'en octobre, première échéance du programme, plus de cinq mille volontaires ont été acheminés chaque semaine par convois d'autobus jusqu'à Herat, dans l'ouest de l'Afghanistan, d'où ils rejoignent leur destination finale de Kaboul, Kandahar ou Ghazni. Soit plus de cent mille personnes sur l'année 2000*. Mais rien ne semble pouvoir entamer la volonté iranienne de poursuivre les renvois. De fait, beaucoup de candidats au départ ont déclaré que la pression policière des Iraniens les avait obligés à se porter volontaires. Les Afghans originaires des zones de combats ou de sécheresse sont en principe interdits de retour. « Mais le front bouge chaque jour et la sécheresse prend des dimensions dramatiques, dit un responsable humanitaire impliqué dans le programme de rapatriement. La vérité, c'est que nous ne pouvons pas garantir la sécurité des réfugiés qui retournent chez eux. »

Les milices talibans, farouchement sunnites, ont décimé trop de Hazaras chiites pour que la famille de Hassan songe à rentrer. C'est une autre partie du programme du HCR qui intéresse Hassan : la possibilité pour ceux qui ne peuvent vraiment pas retourner en Afghanistan d'obtenir un vrai statut de réfugié, ce qui ouvrirait à Hassan la porte de l'université. Renseignements pris, son permis de séjour provisoire lui interdit l'accès des centres de tri où doivent se présenter les requérants d'asile. Beaucoup, dans ce cas, changent de nom. « C'est impossible pour moi, dit Hassan. Si je change de nom, mon baccalauréat ne sera plus valable et je ne pourrai pas entrer à l'université. »

* Avec la dégradation de la situation en Afghanistan, et le renforcement des sanctions des Nations unies contre le régime taliban, le programme du HCR a finalement été suspendu en décembre 2000.

Serge Michel

5. *Échappées belles, échappées risquées*

La montagne, mère de toutes les libertés

Delphine Minoui

Le vendredi, jour férié en Iran, les jeunes vont à la montagne. À une demi-heure du centre-ville de Téhéran, à l'abri des lois islamiques, elle leur offre la liberté. Car la montagne accepte tout et garde les secrets : les baisers volés, les graffitis, les bouteilles de vodka et l'odeur du haschisch.

« Montagne » : un mot qui fait vibrer le cœur des jeunes Iraniens. À Téhéran, elle entoure la ville comme une mère protège ses enfants. Les jours de pluie et de pollution, on ne la voit pas, on la devine. Les matins ensoleillés, elle vous sourit. Sa belle traîne blanche vient narguer les tchadors* noirs qui passent le long des murs comme des ombres d'un autre temps.

La montagne est une complice. Loin des muezzins et des chants révolutionnaires, sa force, c'est le silence.

Rendez-vous avec l'inconnu, le non-dit, les passions. « M-o-n-t-a-g-n-e » : derrière chacune de ses lettres, une signification cachée pour chaque jeune Iranien qu'elle a apprivoisé.

M comme matin

En général, on part de très bonne heure. Surtout lorsqu'on habite le sud de la ville comme la jeune Banafché et qu'il faut compter plus d'une heure en taxi collectif avant d'atteindre la banlieue nord de Téhéran, qui donne sur les fameuses collines.

Pourtant, le réveil n'est pas toujours facile. La fin de la semaine est en effet propice aux fameuses fêtes du jeudi soir. Organisées en toute clandestinité dans des villas privées, elles finissent souvent tard dans la nuit, ou plutôt tôt le matin, si elles ne sont pas interrompues par l'arrivée surprise des membres du Comité*, la police des mœurs. En général, l'argent suffit à acheter le silence des gardiens de la vertu. Sinon, la soirée peut se terminer au poste, voire derrière les barreaux. Mais, contrairement aux parents, qui tremblent toujours à l'approche du week-end, les jeunes Iraniens ont appris à braver les interdits. Et c'est pour cela que la montagne les attire autant : ni l'autorité parentale ni le pouvoir clérical ne peuvent venir les y surprendre.

Le sac à dos rempli de victuailles et la casquette fluo vissée sur son foulard islamique, Banafché fait partie de ces nombreux jeunes qui fuient la grande prière du vendredi pour se réfugier dans les collines. Après avoir embrassé le Coran, elle reçoit la bénédiction de sa mère, qui la laisse partir avec ses deux cousines « respirer l'air frais de la montagne ». Les belles demoiselles ont bien sûr d'autres idées en tête. À peine installées à l'arrière du taxi, elles le transforment en véritable salon d'esthétique. Rouge à lèvres, fard à joues, bleu à paupières, vernis à ongles... : la transformation a lieu sous le regard du chauffeur, qui en a vu bien d'autres. Banafché et ses cousines ne font pas partie de la bourgeoisie, mais elles ne s'en sentent pas exclues. Elles ont été élevées « à la traditionnelle » dans les faubourgs de Téhéran. Leurs mères, analphabètes, et leurs pères, de modestes fonctionnaires, les ont poussées à « faire l'université », rassurés par le port du voile et la séparation des sexes. Sous le chah, elles seraient devenues femmes au foyer. Sur ce point au moins, la révolution leur a rendu service. Avec la généralisation du système éducatif, elles partagent les mêmes bancs que les « minettes » du nord de la capitale. Aujourd'hui, elles aspirent aux mêmes distractions que leurs consœurs fortunées, quitte à dépenser toutes leurs économies dans le dernier parfum français à la mode.

Bien entendu, leurs modestes bourses réunies ne suffiraient pas à payer ne serait-ce qu'un billet d'avion pour l'île de Kish[1] ou

1. Destination très prisée des Iraniens de la classe supérieure, l'île de Kish, petit paradis fiscal

encore un week-end au bord de la mer Caspienne, mais elles se satisfont très bien d'une petite journée à la montagne. En plus, on y croise de beaux garçons.

Le spectacle qui précède l'arrivée au sommet n'est pas des plus glamour. Sur la grande avenue Vali Asr (l'avenue du Maître-du-Temps), qui traverse la ville du nord au sud, le taxi s'engouffre dans un embouteillage de minibus remplis de femmes en tchadors sombres. Elles vont assister à la grande prière du vendredi à l'université de Téhéran, en plein centre-ville. Aujourd'hui, c'est le Guide religieux* Ali Khamenei en personne qui doit parler. Raison de plus pour s'enfuir. « Pas la peine d'écouter ses discours, on les connaît par cœur, commente Banafché tout en donnant une dernière touche à son maquillage. Il va encore répéter que les États-Unis et Israël sont des espions et qu'ils s'infiltrent jusque dans les journaux pour mieux nous surveiller. Depuis que je suis née, j'entends les mêmes rengaines. »

Soudain, derrière le taxi, apparaît un quatre-quatre bleu métallique qui lance des appels de phares. À son volant, un bel Iranien version *latin lover*, accompagné de deux compères. En un clin d'œil, les deux voitures se retrouvent côte à côte. Aussitôt, les demoiselles sortent des petits bouts de papier sur lesquels elles ont inscrit à l'avance leur numéro de téléphone. Le temps d'un échange rapide : *« Hello »*, *« I love you »*, « Quand est-ce qu'on se revoit ? », les papiers passent furtivement d'une voiture à l'autre. Et le tour est joué.

Juste en dessous de son numéro de téléphone, Banafché a pris soin de préciser leur destination : Kolaktchâl, une petite station de randonnée que les jeunes transforment en cabaret tous les vendredis.

O comme obstacle

Le message est bien passé. À peine arrivées au petit café situé au pied du chemin de randonnée qui grimpe vers la montagne,

iranien situé dans le golfe Persique, offre un cadre idéal aux touristes en quête de plus de liberté. Les foulards peuvent s'y porter plus légèrement, les femmes peuvent y faire du vélo, et les plages réservées aux étrangers acceptent la mixité.

les trois belles reconnaissent de loin leurs charmants prétendants. Ce sont de vrais *rappies*[2] avec leur casquette portée à l'envers, leur tee-shirt dépassant du pantalon et leurs baskets américaines. *Nec plus ultra*, le plus âgé du trio, Keyvân, se promène avec une radiocassette sur l'épaule. Au bord de la ravine, où s'écoule la neige fondue, plusieurs groupes de jeunes ont déjà pris possession des lieux. Il y a ceux qui font un somme pour compléter leur trop courte nuit. Les autres entament une partie de cartes, distraction pourtant interdite par le régime des mollahs*. Certains vendredis, on peut compter jusqu'à six mille promeneurs tout le long du chemin, explique le gardien du parc. Comme si tout Téhéran s'était passé le mot...

Premier carrefour. Premier obstacle. Aujourd'hui, les miliciens islamistes, les fameux *bassidjis**, se sont eux aussi invités à la montagne. Aussitôt les trois filles réajustent leur foulard et abritent leurs yeux de biche derrière de grandes lunettes noires. Leurs nouveaux copains prennent leurs distances tout en s'empressant de faire disparaître la grosse radio au fond d'un sac. Petit interrogatoire. Contrôle d'identité. Mal à l'aise dans leur uniforme kaki, ces miliciens-là ne sont pas méchants. Ils sont très jeunes et cherchent à faire appliquer une loi dont le bien-fondé ne semble pas vraiment les convaincre. Après quelques minutes de discussion et la découverte de trois cassettes de Madonna dans la poche de Banafché, ils se laissent finalement acheter par un beau sourire et un paquet de cigarettes. En d'autres temps, ça aurait pu barder et l'histoire aurait pu se terminer au poste de police.

Rassurée, la petite bande poursuit sa route. D'autres groupes descendent comme des cabris les petits chemins rocailleux. Ceux-là ont passé la nuit au sommet, avec leurs gros duvets et leurs Thermos de thé sucré. La gaieté qui les anime laisse deviner que la route est désormais libre et qu'ici la morale islamique n'a plus sa place. Les trois play-boys en profitent pour rallumer leur poste de radio et esquissent de petits mouvements de rap sous le regard amusé de leurs jeunes admiratrices. Elles ne se font pas prier

2. *Rappies* est un terme inventé et utilisé par les jeunes Iraniens pour désigner ceux qui sont « branchés », c'est-à-dire ceux qui mettent des vêtements à la mode des rappeurs aux États-Unis.

longtemps pour rejoindre la danse, tout en faisant glisser leur foulard autour du cou. Les cheveux dans le vent, elles en oublient les recommandations maternelles du matin. Instants d'innocence retrouvés que la pression imposée des dix années de guerre contre l'Irak ont volés à leur enfance.

N comme Nike

C'est la marque favorite des jeunes Iraniens. Il suffit de regarder les chaussures des randonneurs pour comprendre à quel point ils consomment au quotidien du « grand satan ». De la casquette aux baskets, Keyvân a revêtu l'uniforme américain. Son cousin qui habite à Los Angeles lui envoie régulièrement les derniers modèles. Ceux qui n'ont pas cette chance se rabattent sur les contrefaçons, véritable marché parallèle à Téhéran. Au bazar, on trouve même des boutiques spécialisées dans la vente d'étiquettes : Lacoste, Chanel, Adidas, Reebok... Sous son manteau, Banafché laisse paraître un tee-shirt Christian Dior qu'elle a acheté à un petit vendeur de rue. Ça ne lui a pas coûté plus cher qu'un paquet de chewing-gums. « On trouve de tout en Iran », confie la jeune fille tout en sortant de son sac une grosse Thermos remplie de Nescafé. Du vrai, cette fois-ci. Elle l'a payé cher : l'équivalent de 30 francs le paquet dans une épicerie, soit trois fois le prix d'un repas dans un petit resto de quartier. Si elle avait su qu'elle passerait la journée avec d'aussi beaux garçons, elle aurait apporté les croissants. On en trouve à l'épicerie danoise de l'avenue Pasdaran, au nord de Téhéran.

Mais la véritable boisson nationale, c'est le Coca-Cola. Il coule à flots dans les restaurants. À peine assis, on vous le sert d'office. Il remplace le bon vieux vin de Chiraz, que les Iraniens dégustaient avec leurs brochettes de mouton mariné dans le safran à l'époque du chah. En revanche, McDonald's n'a pas encore réussi à faire son entrée. Qu'importe, les Iraniens ont leurs sandwicheries locales, où ils consomment des hot-dogs à la saucisse de poulet et des pizzas au jambon de dinde, le tout arrosé de ketchup à gogo.

Du paquet de cigarettes au pull-over en passant par le jean délavé, tout ce qui porte la marque de l'Occident en général, et du « grand satan » en particulier, est à la mode. Le dernier chic, ce sont les cours d'aérobic *made in California*, que les Iraniennes suivent en groupe dans leur appartement à partir de cassettes vidéo cent fois recopiées qui font le tour de la ville.

Jouer à cache-cache avec les interdits, c'est la grande affaire de la jeunesse iranienne : cheveux longs pour les jeunes hommes, manteaux courts pour les filles. Les plus effrontées s'amusent à se faire passer pour des garçons en cachant leur chevelure sous un bonnet ou une casquette et en portant de larges pantalons recouverts d'un coupe-vent. Mais le jeu peut tourner mal si les gardiens de la vertu découvrent le déguisement. Un jour, Banafché a failli se retrouver au poste alors qu'elle descendait les poubelles la tête couverte d'une simple casquette.

T comme tag

Après deux heures de marche à flanc de montagne, des signes peints à même les rochers indiquent le chemin à suivre pour atteindre le plateau de Kolaktchâl. Main dans la main, Banafché et Keyvân marquent une pause sur la roche dite « des Amoureux ». Elle est couverte de petites inscriptions de toutes les couleurs : *Doustet dâram* (« Je t'aime »), *Azizam* (« Mon chéri »), *Achegham* (« Mon amour »).

Keyvân se contente de dessiner un cœur, à côté duquel il inscrit le prénom de sa nouvelle compagne. Un peu plus loin, la roche « des Jokes » offre la lecture de quelques blagues croustillantes sur les mollahs. Ici, c'est un vrai défouloir. Le tag est un défi lancé à la propagande islamique qui s'étale sur les murs de la ville. Étudiant en graphisme, Keyvân a déposé un projet avec quelques camarades : la réalisation d'une série de fresques très colorées sur les palissades grises qui protègent les chantiers de Téhéran, afin de redonner un peu de gaieté à la capitale. Il attend une réponse de la mairie, qui ne semble pas avoir pris son projet au sérieux. On lui aurait pourtant fourni aussitôt autorisation et matériel s'il s'était agi de peintures de martyrs.

La roche la plus taguée est celle des passionnés de football. Les supporters des deux équipes nationales, Persepolis en rouge et Esteghlal (Indépendance) en bleu, s'y disputent la vedette. En plein milieu du rocher, un mot et une date on été gravés en souvenir de la victoire contre l'équipe américaine lors du Mondial 1998. Pour célébrer ce succès, les Iraniennes avaient bravé les interdits en pénétrant dans le stade de football Azadi, lieu strictement réservé aux hommes. Banafché en faisait partie et, depuis, elle s'est inscrite dans une équipe féminine de football au centre sportif Hedjâb. Les compétitions se déroulent entre femmes, sur des terrains couverts, à l'abri du regard des hommes.

Mais ici, à Kolaktchâl, on ne connaît pas la séparation des sexes, et les trois cousines ont bien l'intention d'échanger quelques tirs de ballon avec les garçons.

A comme alcool

« Bienvenue au cabaret Kolaktchâl », lance une voix familière à Banafché. C'est Azita, sa copine de classe à l'université. Elle est arrivée il y a une heure avec ses frères et d'autres amis. Sur le toit d'un édifice inachevé qui sert de piste de danse, elle a déjà tout disposé : les chips, les olives, les morceaux de pastèque. Elle a même réussi à soustraire une bouteille d'alcool à la fouille des *bassidjis*. Elle l'a échappé belle, car elle connaît la sanction : au mieux une soixantaine de coups de fouet, au pire quelques jours en prison.

Depuis la révolution, la consommation d'alcool est strictement interdite. Les jeunes appliquent ce principe en public et la plupart du temps devant leurs parents. Mais ils connaissent toutes les ficelles pour se procurer au marché noir de la vodka ou du whisky. Il y a aussi l'*araq sagi*, ce tord-boyaux distillé clandestinement qu'on achète aux Arméniens. Actuellement, la mode est plutôt à la fabrication du vin maison, qu'on camoufle dans des bouteilles de soda en plastique.

Azita a tout prévu. En cas de visite surprise, elle a déjà creusé un trou destiné à la bouteille, et sa poche est remplie de pastilles à la menthe pour masquer l'haleine. Il y a pourtant une odeur impossible à cacher, c'est celle du haschisch, qui plane dans l'air de Kolaktchâl. « Il paraît qu'il y a des pays où c'est en vente libre. En plus, c'est moins nocif que l'opium, dont les Iraniens sont de gros consommateurs, même les plus religieux, explique Banafché. Notre jeunesse est tellement contenue qu'elle se cherche de petites échappatoires. À chacun son eldorado. » Son eldorado à elle, c'est la musique, de préférence la « vraie musique iranienne », celle qu'on a le droit d'écouter à Paris ou à Los Angeles, mais toujours pas à Téhéran.

G comme Gougoush

La popularité de la diva iranienne des années 1960 n'a pas pris une ride. Contrainte au silence en Iran[3], Gougoush continue pourtant d'enchanter les soirées des Iraniens grâce à de vieux disques en vinyle conservés précieusement. Une bonne moitié de ses fans sont des jeunes, bercés dès leur enfance par la douce voix de la chanteuse pop. Azita, Banafché et toute la bande en font bien sûr partie. Keyvân a même déniché sur le web le dernier CD de son idole, dont il a tiré quelques cassettes pirates. Il en sort une pour la faire écouter aux copains. « Je ne peux plus chanter dans mon pays, car c'est considéré comme un crime... » roucoule la chanson.

Keyvân aurait donné beaucoup pour assister au retour de la chanteuse sur la scène internationale en l'an 2000. À Los Angeles, le concert a fait plus de douze mille entrées. La salle était comble. Les places se sont vendues à 180 dollars le billet, soit l'équivalent du salaire mensuel moyen en Iran. Keyvân a pourtant vécu l'événement grâce à son cousin d'Amérique qui l'appelait toutes les dix minutes sur son téléphone portable pour lui faire partager l'ambiance. Mais, pouvoir écouter Gougoush à Kolaktchâl, c'est

3. Depuis la révolution, les femmes ne peuvent plus chanter en solo devant un public mixte.

tout de même quelque chose. D'ici, on domine la ville, sa poussière, ses soucis, sa folie, tout en se laissant bercer par des airs nostalgiques. On ne se pose plus de questions. Le temps s'est arrêté.

N comme nuit

Le soleil commence à disparaître derrière les collines. Le rêve est terminé, il est temps de redescendre.

Sur le chemin du retour, la ville réapparaît dans toute sa médiocrité : nuages de poussière, gratte-ciel inachevés, artères embouteillées.

Le long des sentiers, c'est aussi l'embouteillage. En bas des collines, les Iraniens venus en famille goûter à la fraîcheur de la montagne pour la sieste engorgent les chemins. Banafché, Keyvân et toute la bande se glissent à travers les attroupements sans perdre une minute. Ils connaissent tellement bien cette montagne qu'ils pourraient en dévaler les sentiers les yeux fermés. Les filles ont sagement renoué leur foulard sur la tête, et leurs trois compères ont préféré retirer leur casquette pour ne pas se faire trop remarquer. On n'est jamais à l'abri d'une réapparition du Comité.

Ce soir, chacun reprendra la direction de son foyer. Pour Banafché, pas question d'un dîner en ville. D'abord ça coûte cher, et puis elle n'a pas oublié que, comme tous les vendredis, la famille dîne au complet chez ses parents. Impossible d'échapper à cette réunion sous peine de se faire interdire de montagne la semaine suivante.

Quant à Keyvân, c'est une autre réunion qui l'attend, virtuelle celle-ci. Tous les soirs, il se connecte sur internet pour participer à des groupes de discussion en direct avec des jeunes du monde entier. Maintenant, il a plein de copains, à Rio de Janeiro, San Francisco, Berlin, Tokyo... Ils l'ont même invité chez eux. Mais Keyvân doit d'abord faire son service militaire. C'est la condition pour qu'il puisse voyager en dehors de l'Iran.

E comme « entezâr »

Entezâr, c'est l'« attente » en persan. Celle du lendemain. Celle des beaux jours. Celle du vendredi suivant. Banafché pense déjà à revoir les garçons qu'elle a rencontrés. Ils sont intelligents et honnêtes. Elle espère qu'un jour elle pourra présenter Keyvân à ses parents. Mais ce serait une vraie révolution culturelle dans le sud de Téhéran, où les mariages arrangés font encore partie des traditions. En attendant, elle va garder précieusement le petit bout de papier avec le numéro de téléphone au fond de la poche de son manteau.

Entezâr, c'est aussi l'attente avec un grand A. Celle d'un avenir meilleur, celle du changement : plus de liberté, plus d'autonomie, plus de responsabilité pour la jeunesse. Banafché a confiance, mais elle sait que l'Iran c'est aussi le pays des incertitudes. Il faut donc apprendre la patience et ne pas courir aussi vite que le torrent qui déferle le long des collines.

Soudain, la voix du muezzin fait écho dans les montagnes. Elle se mêle aux rires de tous ces jeunes qui ont goûté à la liberté le temps d'une journée.

En hauteur, le bonheur

Farzaneh Khademian

Farzaneh Khademian a grimpé avec les jeunes Iraniens le long du chemin rocailleux qui mène vers la liberté. Cette journaliste photographe de trente ans, qui travaille régulièrement pour la presse iranienne, a saisi leurs rires et leurs émotions secrètes.

PUMA

P&G

Fuites et dérives

Delphine Minoui

La perte des repères pour une partie de la jeunesse et les conduites à risques qui l'accompagnent constituent un phénomène bien connu des sociétés modernes. L'Iran n'y échappe pas. Ici, les contraintes moralistes qui pèsent sur les jeunes, particulièrement sur les filles, aggravent la situation. Le pourcentage de jeunes femmes qui tentent de mettre fin à leurs jours y est l'un des plus élevés du monde.

Au début de l'été 2000, un mollah* réformateur provoquait la surprise en annonçant publiquement que la drogue et la prostitution étaient en nette progression. L'homme, Mohammad Ali Zam, est actuellement à la tête du centre culturel et artistique de Téhéran. « La prostitution a augmenté de 635 % chez les étudiants et le taux de suicide de 109 % » au cours des années 1998 et 1999. Et ce n'est pas tout. Dans son intervention, ce clerc moderniste reconnaissait l'échec de la propagande islamique en ajoutant que « 73 % des soixante millions d'habitants et 86 % des jeunes étudiants ne faisaient pas leurs prières quotidiennes ».

Le mollah ne citait pas ses sources, comme c'est l'habitude en Iran, mais le fait de dire haut et fort ce que tout le monde sait représente déjà beaucoup dans ce pays. Bien sûr, cette déclaration a été vivement critiquée dans la presse traditionaliste. Pourtant, c'est là le signe évident que le malaise qui traverse la jeunesse iranienne a pris une ampleur considérable. Il ne peut plus être complètement ignoré par les autorités. Dans le meilleur des cas, il prend la forme d'une quête un peu désordonnée vers d'autres formes de spiritualité. Mais souvent c'est la triste série drogue - fugue - prostitution - suicide qui rythme cette dérive.

Hard rock, taïchi et gourous hindous

Cheveux coupés très court et baskets américaines, Arach est un jeune étudiant en médecine. Depuis qu'il a subi des coups de fouet pour avoir été surpris en train d'embrasser une fille dans une soirée, il ne répond plus aux invitations. « La morale islamique m'épuise. Elle est envahissante, elle est partout. Elle est omniprésente dans l'espace public et elle se permet de pénétrer l'espace privé. » Du coup, il préfère rester chez lui à écouter des cassettes de hard rock achetées l'équivalent de 12 francs l'unité au marché noir. Ça le défoule, dit-il. Dans l'obscurité de sa chambre, éclairée à la bougie et envahie par la fumée de l'encens que son frère lui a rapporté d'Angleterre, il improvise des mouvements corporels. « C'est du taïchi. J'ai trouvé des cours sur internet. Il paraît que ça aide le corps à retrouver son équilibre, explique le jeune étudiant tout en montrant une croix argentée qui pend à son cou. Ça, c'est ma révolte personnelle. Le système des mollahs m'a dégoûté de l'islam. J'ai décidé de me convertir au protestantisme. Il paraît que c'est une religion très tolérante. Je suis également très attiré par l'hindouisme, car ça touche à la philosophie de l'être. » Le poster de son idole trône au-dessus de son lit. Il s'appelle Saï Baba. Vénéré comme un saint en Inde, ce petit homme mort en 1918 fait vibrer le cœur de nombreux jeunes Iraniens. Hindou d'origine, il a été beaucoup influencé par l'islam soufi. Aujourd'hui, ses adeptes retiennent de lui l'image d'un homme prêchant la tolérance et la bonté. De quoi séduire la nouvelle génération iranienne, en quête de nouveaux repères. Une fois par semaine, Arach retrouve ses amis dans une maison privée de Téhéran pour évoquer les bonnes paroles du saint. « Mais c'est avant tout le moyen de discuter, d'évacuer ses douleurs et ses frustrations, d'oublier ses haines, explique le jeune homme tout en précisant : C'est une forme de psychothérapie de groupe. On y vient pour essayer de résoudre ses problèmes personnels, pour mieux gérer sa crise d'identité. »

Les cours de méditation transcendantale, qui ont fait leur entrée il y a quelques années, remportent également un vif succès. En l'espace de dix ans, ce sont plus de quarante mille personnes qui ont participé à des stages en Iran.

Bouleversement des valeurs, quête d'un « ailleurs spirituel » et explosion parallèle de la consommation de drogue, le phénomène est mondialement connu. L'Iran n'y échappe pas, bien au contraire...

Les clients de l'hôtel Piâdéro

Arach fait partie de ces jeunes Iraniens à qui l'on donnerait le bon Dieu sans confession : bonne famille, brillantes études, avenir prometteur. Reçu dans une des meilleures universités américaines pour poursuivre son cursus universitaire, il a même préféré rester en Iran. Pourtant, dit-il, il est très difficile de faire face aux contraintes du quotidien, qui finissent toujours par induire un comportement négatif. « Si l'on écoute la police des mœurs, la plupart des jeunes Iraniens sont des délinquants. Car la délinquance recouvre beaucoup de choses, ici. Porter un jean, se mettre du gel dans les cheveux, ce sont, par exemple, des signes de délinquance. On m'a déjà arrêté parce que j'avais un blouson Nike ou bien parce que je portais un sweat-shirt avec une phrase écrite en anglais. Dans ce contexte-là, nous sommes tous dans le péché et nous avons tous violé la loi au moins dix fois. Donc, finalement, à force d'être traité comme un délinquant, j'ai envie de réagir par la délinquance. » C'est par réaction, par révolte, dit-il, qu'il a commencé à consommer de la drogue il y a deux ans.

Aujourd'hui, de nombreux quartiers des grandes villes sont devenus les repaires de la vente et de la consommation de drogue. La plupart des trafiquants sont des jeunes, qui traînent dans les parcs. À Téhéran, ils ont pour quartier général le parc Esteghlal, situé à Ariachahr, et le parc Laleh, en plein centre-ville. Vers la place Azadi, à l'ouest de Téhéran, on vend ouvertement de l'héroïne. La place du Chemin-de-Fer, au sud de la ville, et certains quartiers de banlieue comme Khâké Séfid, à l'est, sont également devenus de hauts lieux du trafic, de jour comme de nuit. Sur l'avenue Vali Asr, les vendeurs de haschisch guettent les voitures pour leur proposer des *gols* (fleurs). C'est le surnom donné au haschisch. Les petits vendeurs d'allumettes et de briquets ont souvent également de l'opium et du haschisch à proposer. Surnommés les clients de l'hôtel Piâdéro, l'« hôtel à pied », en référence à l'hôtel California de la chanson des Bee Gees, ils dorment la nuit dans les parcs.

Le fléau a fait récemment l'objet de différents reportages dans la presse s'adressant aux jeunes. On y trouve des témoignages comme celui de Jonhatan, interviewé par le magazine *Irân-é djavân* (L'Iran des jeunes)[1] : « Si je vends de la drogue, c'est seulement pour l'argent. J'ai d'abord cherché un autre travail, mais je n'ai rien trouvé. Avant, je vendais des jeans au carrefour Vali Asr. Quand j'ai perdu ma place, j'ai commencé à faire du trafic de drogue. Je m'y connais, car mon père aussi était un vendeur de stupéfiants. »

Face à l'augmentation alarmante de la consommation de drogue, les autorités iraniennes ont commencé à réagir en brisant le silence sur ce sujet resté tabou pendant de longues années. En l'espace de quatre ans, environ soixante centres de désintoxication ont été ouverts à travers l'Iran, dont quatre dans la capitale. Depuis deux ans, la campagne de prévention a également été renforcée, les affiches et les spots de prévention radio et télévision se sont multipliés.

En revanche, les sanctions sont toujours aussi strictes pour toute personne arrêtée en possession de stupéfiants. Si la quantité de drogue est faible, cela se limite à une amende et quelques jours de prison. Si elle est importante, cela peut aller jusqu'à la peine capitale.

La police multiplie les rondes dans les parcs. D'après Moshen Ansari, le chef de la police de Téhéran, « quarante-deux kilos de drogue sont quotidiennement saisis dans la capitale ». Et d'ajouter : « Quarante et un mille personnes ont été arrêtées pour trafic de stupéfiants et douze tonnes de drogue saisies entre les mois de

1. *Irân-é djavân*, n° 142, 18 mai 2000, p. 2. Le magazine *Irân-é djavân*, hebdomadaire destiné aux jeunes, a été suspendu en novembre 2000.

mars et de novembre 2000. » Une quantité deux fois supérieure aux chiffres de l'année précédente. Mais c'est dans les régions frontalières avec l'Afghanistan[2] (Khorassan, Sistan et Baloutchistan), d'où provient l'essentiel de la drogue, que se joue la réalité du problème. La longueur de la frontière entre les deux pays atteint presque deux mille kilomètres, dont seulement la moitié disposent de contrôles contre les trafiquants. Cela est d'autant plus inquiétant que la production afghane d'opium a littéralement explosé entre 1998 et 1999, passant de deux mille deux cents à quatre mille six cents tonnes[3].

Fugues et trottoir

Tadaee a à peine dix-huit ans. Foulard coloré, blouson long et baskets aux pieds, elle a l'habitude de se promener seule dans un des principaux parcs de Téhéran. Mais sa rencontre avec un garçon a brutalement influencé le cours de sa vie. Les deux jeunes gens sont surpris en train de discuter sur un banc et sont aussitôt embarqués au poste de police. La jeune adolescente doit subir l'humiliant test de virginité ordonné par la police des mœurs.

Cette histoire, qui pourrait être celle de nombreuses jeunes Iraniennes, a constitué le sujet d'un film qui est resté à l'affiche pendant plusieurs mois. Réalisé par un jeune cinéaste, Rassoul Améli Sadr, il a pour titre *La Fille aux baskets.* Dans ce long métrage, Tadaee est le symbole d'une génération désireuse de pouvoir vivre sa jeunesse en toute liberté, sans avoir à se cacher ni à rendre des comptes à l'univers des adultes (parents, police, professeurs). Mais la société iranienne ne le tolère pas. Les parents de Tadaee, pourtant très occidentalisés dans leur mode de vie (ils ont accès au satellite chez eux), lui interdisent désormais de sortir sans autorisation. Alors Tadaee choisit une autre voie : la fugue.

Phénomène en pleine expansion, la fuite des jeunes filles fait partie des nouveaux problèmes de la jeunesse iranienne, comme

2. D'après un rapport de l'ONU, l'Afghanistan a produit les trois quarts de la production mondiale d'opium en 1999.
3. Selon les chiffres du rapport des Nations unies.

le remarque l'avocate Shirine Ebadi : « Le problème, aujourd'hui, c'est qu'on ne fait pas assez confiance aux jeunes. On les réprime pour un oui, pour un non, au nom de la morale et de la tradition. On leur impose un certain comportement sans instaurer d'échange et de discussion. On leur apprend à bien prier, à bien réciter leurs leçons, à respecter les règles, mais à aucun moment on ne les laisse vraiment s'exprimer. Les comportements des jeunes soulèvent toujours la méfiance. S'il est 11 heures du soir, que vous êtes âgé et que vous êtes en train de marcher dans la rue, on ne vous brimera pas. Par contre, s'il s'agit d'un jeune de dix-neuf ans avec sa petite copine de dix-sept ans, alors on les arrête immédiatement, on les humilie. À la maison, c'est parfois pire que dans la rue. Il y a des femmes qui se fâchent contre leur mari quand celui-ci contrôle leurs appels téléphoniques, mais ces mêmes femmes interdisent à leurs filles d'avoir ne serait-ce qu'une communication téléphonique avec des garçons. Du coup, les jeunes fuguent. »

Il n'est pourtant pas facile de trouver un endroit pour se réfugier. En Iran, l'hôtel est interdit aux jeunes filles seules. Reste la rue, dangereuse et sauvage, surtout pour une femme. Face à ce problème croissant dans la capitale, la municipalité de Téhéran a décidé de réagir en ouvrant récemment le premier refuge pour filles, Reyhâneh[4]. Les filles qui quittent le foyer parental ont la possibilité de venir y passer quelques nuits.

Mais la question de l'argent se pose rapidement. S'il s'agit d'un garçon, il pourra se trouver un petit boulot au noir : chauffeur de taxi, mécanicien, coursier. Pour une fille, c'est pratiquement impossible. Alors certaines en viennent à la prostitution. Contre un peu d'argent, elles sont prêtes à tout, même à perdre leur virginité.

La prostitution n'étant pas tolérée par les autorités islamiques, elle se pratique de façon clandestine. Les jeunes filles proposent leurs services le soir à l'angle de certaines rues ou sur le bord de certaines avenues, au niveau des stations de bus. On les appelle *djendé* (« putes ») ou encore *khodforouch* (« celles qui se vendent »).

---

4. Le même genre d'initiative existe également pour les garçons. Créée en 1999, la Maison verte (Khâné Sabz), située à Téhéran, héberge chaque année de nombreux jeunes qui ont fui le foyer parental.

Mais le vocabulaire qu'utilisent les hommes à leur égard est beaucoup plus cru : *goucht gereftan* signifie littéralement « aller chercher de la viande ». La négociation du tarif se fait la plupart du temps une fois que la fille est montée dans la voiture, pour éviter de se faire remarquer : entre 5 000 et 20 000 tomans (soit environ 50 et 200 francs), en fonction de l'âge et de la beauté de la jeune femme. La virginité a également un coût. Une jeune femme vierge se fera payer au moins 50 000 tomans (500 francs), soit l'équivalent du salaire mensuel moyen en Iran. Certaines de ces filles se font directement appeler sur leur téléphone portable. On les appelle *djendé téléphoni* (« prostituées avec téléphone »).

Devant ce phénomène en constante augmentation, l'assistance sociale iranienne est en train de réfléchir à un programme intitulé « Création de maisons saines ». Il s'agirait d'ouvrir des maisons où seraient hébergées entre trois et cinq filles fugueuses, tout en leur donnant du travail[5].

Pourtant, selon certains travailleurs sociaux, l'urgence de trouver de l'argent ne serait pas le seul ressort de la prostitution chez ces jeunes filles. Il s'agirait aussi d'une forme de défi lancé à l'ordre moral et puritain. « La prostitution, c'est une forme de révolte pour les filles iraniennes. C'est comme s'il y avait un mur en face d'elles et qu'elles voulaient le surmonter. C'est une façon de dire : j'existe. Dans notre société, deux jeunes ne peuvent pas se tenir tranquillement par la main dans la rue ; au lieu de se résigner, ça les incite à avoir des relations plus perverses. Pour une fille, vendre son corps, c'est montrer ce qu'elle a toujours dû cacher. C'est refuser les interdits pour se livrer tout entière », explique une psychologue chargée des problèmes des jeunes Iraniennes.

L'histoire de Mernouche

Entre 1998 et 1999, le nombre de suicides en Iran aurait plus que doublé. Dans la ville d'Ispahan, le taux dépasserait celui du

5. Ce programme a été annoncé dans une remarquable enquête en plusieurs volets sur les problèmes des femmes en Iran, réalisée par le journal *Hamshahri* au début du mois de mars 2000 (fin de l'année iranienne 1378).

Japon, qui est le plus élevé du monde[6]. Selon une enquête menée dans la province de Markazi[7], 81 % des personnes qui se suicident sont des femmes. Si l'on considère la seule ville d'Illam[8], dans le sud de l'Iran, en l'espace de l'année 1999, sur trois cent trente-huit cas de suicide, 80 % concernent des jeunes femmes. La plupart d'entre elles se sont immolées par le feu. Mais, souvent, elles utilisent du poison ou des médicaments (tranquillisants, antidépresseurs ou anxiolytiques). Là encore, c'est l'oppression quotidienne de la société, de la famille, du mari, qui explique cette situation.

Mernouche semblait destinée à devenir une brillante étudiante en mathématiques à l'université de Guilân, dans le nord de l'Iran. Le visage pâle et la voix tremblante, elle raconte son histoire. « Il y a sept ans, je suis tombée amoureuse de Farzine, un garçon qui étudiait dans le lycée situé juste en face de notre maison. Comme mes parents m'avaient interdit de fréquenter les garçons avant le mariage et qu'ils contrôlaient toutes mes communications, nous nous donnions rendez-vous dans un parc une fois par semaine. Il était très doux, très attentionné, très romantique. Une fois le lycée terminé, il est parti dans la capitale. J'ai commencé à étudier les mathématiques à Guilân. J'ai cherché tous les prétextes pour partir le rejoindre, jusqu'à m'inscrire dans une discipline universitaire qui n'existait qu'à Téhéran, le management industriel. Malgré le désaccord de mes parents, je suis donc partie là-bas et nous nous sommes finalement mariés au bout d'un an. » Mais l'homme qu'elle venait d'épouser ne correspondait plus à celui qu'elle avait aimé en cachette pendant plusieurs années. « Il était très dur avec moi, il surveillait mes sorties, m'empêchait de parler à des inconnus, me battait quand il était en colère, raconte-t-elle. C'est la faute du système. À cause de certains principes moraux, les jeunes n'ont pas vraiment la possibilité de se connaître avant le mariage. Moi-même, je ne connaissais Farzine que superficiellement, à travers quelques mots échangés dans un jardin public. Un soir, j'ai absorbé tellement de médicaments que je croyais que je n'allais

6. Chiffres parus dans le journal *Entekhâb*, n° 266, 1er mars 2000.
7. Enquête menée par le Centre de recherches sociales de Téhéran.
8. La petite ville d'Illam compte trois cent trente mille habitants.

pas me réveiller le lendemain matin. En fait, je me suis retrouvée à l'hôpital. » Puis vint le divorce. « Dans mon village natal, je ne supportais pas les questions de mon entourage. Pour eux, j'avais commis une faute impardonnable. Mes tantes me conseillaient de me conformer à l'islam pour retrouver le bon chemin. Mais moi je n'ai jamais été pratiquante. J'aimerais me convertir au christianisme. L'islam valorise les hommes et écrase les femmes. » Harcelée par sa famille, Mernouche tente encore une fois de se suicider en absorbant de la colle. Deuxième échec. Sa meilleure amie lui conseille de se remarier. « Impossible. Je ne veux pas avoir deux noms de famille sur ma carte d'identité, c'est très mal vu. Et puis qui voudrait de moi ? Un homme de quarante ans divorcé avec cinq enfants ? Je préfère mourir. » Après six tentatives, Mernouche songe toujours aujourd'hui à mettre fin à sa vie. Pense-t-elle à demander le soutien d'un psychologue ? « Non, je n'ai pas de problèmes avec moi-même. C'est avec la société que j'ai des problèmes. C'est elle qui ne me comprend pas et qui ne m'accepte pas telle que je suis. »

Delphine Minoui

Épilogue
1979-1997 :
DEUX IMAGES, DEUX JEUNESSES

Abbas

Téhéran, 11 février 1979 : c'est la revanche des humiliés. Je ne garde qu'un appareil pour ne pas attirer l'attention. Un jeune crie : « Attention ! c'est peut-être un *savaki* ! » Et je sens soudain la lame très effilée d'un couteau sur ma gorge.
Darband, 27 avril 1997 : je découvre le nouvel Iran, celui de sa jeunesse qui rejette en bloc les valeurs de la République islamique. Une deuxième révolution est en cours, cette fois-ci rampante et diffuse plutôt que conflictuelle et sanglante.

Téhéran, 11 février 1979

Téhéran, 11 février 1979

La capitale est parcourue par des bandes de jeunes gens en blouson et pantalon pattes d'éléphant qui jouent les guérilleros avec les armes dérobées dans les casernes. Quelqu'un hurle qu'on se bat à Eshrat Abad. Je m'y précipite. Ce n'est pas un assaut mené en bon ordre par la foule contre une caserne, c'est un *choulougui*, une de ces pagailles dont les Iraniens ont le secret. Courbés en deux, garçons et filles montent au front participer à l'attaque contre les militaires, qui tirent sur tout ce qui bouge. Un jeune homme s'écroule devant moi, foudroyé. Ses amis l'emmènent.

L'après-midi, les jeunes émeutiers s'attaquent à l'un des centres de la Savak, la police politique. Les *savakis* qui se rendent sont regroupés dans une mosquée. Quelques-uns sont malmenés.

C'est la revanche des humiliés. Je ne garde qu'un appareil pour ne pas trop attirer l'attention. Peine perdue, un jeune crie :

- Attention ! c'est peut-être un *savaki* !

Et je sens soudain la lame très effilée d'un couteau sur ma gorge.

- Donne-moi ton appareil !

Plus tard, la radio nationale annonce un communiqué des forces impériales. Est-ce le coup d'État que tout le monde redoute ? Non, l'armée proclame sa neutralité. Le chah est fini. Nous avons gagné !

Pourquoi, cette nuit-là, je ne laisse pas exploser ma joie ? C'est bien mon pays, mon peuple, ma révolution. Est-ce à cause de cette référence constante à l'islam ? Ou bien parce que j'ai vu le visage de la défaite, celui du général Rahimi ? Des années auparavant, je l'avais photographié, en grand uniforme impérial, avec toutes ses médailles. Ce soir, il est exhibé, en chemise, devant les caméras de la télévision.

- Voulez-vous vous repentir ?

- J'ai juré fidélité au chah. Je maintiens mon serment !

Un journaliste étranger demande alors s'il pense qu'il sera exécuté.

Le général Rahimi lève les bras au ciel :

- Je suis entre les mains d'Allah !

Cinq jours plus tard, je le photographie, presque nu, dans un des casiers de la morgue de Téhéran. Il a été fusillé dans la nuit, avec quatre autres généraux, après un bref procès. Un procès secret. Ce jour-là, la révolution cesse d'être la mienne.

Darband, 27 avril 1997

Darband, 27 avril 1997

Je reviens après un exil volontaire de dix-sept ans.

J'ai souvent pensé que mon premier geste serait d'embrasser le sol de ma patrie, mais le goudron du tarmac est souillé de pétrole et d'huile. Je préfère attendre, à la sortie de l'aérogare, un de ces terrains vagues qui révèlent la terre ocre et poussiéreuse d'Asie, ma terre. Mais en dix-sept ans Téhéran a triplé de volume, et l'aéroport se trouve maintenant dans la ville. Tant pis, le rituel du baiser de retour attendra.

C'est à Darband, sur les pentes de l'Elbourz qui domine la capitale, que je découvre le nouvel Iran, celui de sa jeunesse qui rejette en bloc les valeurs de la République islamique. Chaque week-end, des cohortes de jeunes gens grimpent sur la montagne pour faire des rencontres, écouter de la musique, parfois danser, mais surtout pour respirer un air qui ne soit pollué ni par les pots d'échappement ni par la stricte moralité islamique.

Un parfum de romance a chassé les vieilles utopies révolutionnaires. Ici, les filles et les garçons peuvent se tenir la main sans être sommés de présenter un certificat de mariage par les *bassidjis**, les miliciens du régime. La République islamique tolère désormais ces poches de « corruption » à condition que les apparences soient sauves.

L'hypocrisie a toujours été un art en Iran où, plutôt que de se battre, la nation préfère absorber l'adversaire, le duper en l'iranisant. Le chiisme encourage la *ta'aquiya*, la dissimulation de ses croyances.

Une deuxième révolution est en cours, cette fois-ci rampante et diffuse plutôt que conflictuelle et sanglante : ceux qui n'approuvent pas le régime l'ignorent. Ils vivent une double vie, l'une en public, l'autre dans le sanctuaire de leur maison et de leur esprit. Mais de quel prix paient-ils cette hypocrisie de chaque jour, cette humiliation de chaque instant ?

6. *Annexes*

Chronologie

1979. - 1er février - Retour de l'imam* Khomeyni à Téhéran. Le 11 février, le régime impérial est définitivement renversé. Les partisans de Khomeyni et une partie de l'armée prennent d'assaut les bâtiments officiels.
4 novembre - Prise de cinquante-deux otages à l'ambassade des États-Unis. Ils seront libérés le 20 janvier 1981.

1980. - 25 janvier - Élection du premier président de la République islamique, Abolhassan Bani Sadr.
7 juillet - Instauration du « nouvel ordre islamique » : épuration dans les universités et les administrations, attaques contre les partis de gauche, port obligatoire de la tenue islamique pour les femmes, etc.
22 septembre - Début du conflit avec l'Irak. La guerre va durer jusqu'en 1988.

1981. - 20 janvier - Libération des otages américains.
10 juin - Bani Sadr est démis de son poste de commandant de l'armée par Khomeyni. Dix jours plus tard, il est destitué.
2 octobre - Ali Khamenei est élu président de la République.

1983. - 4 mai - Dissolution du Parti communiste iranien Toudeh.

1985. - 16 août - Ali Khamenei est réélu à la présidence de la République.
22 novembre - L'ayatollah* Montazeri est désigné comme successeur de l'imam Khomeyni. Mais il sera écarté juste avant la mort de ce dernier.

1986. - Novembre - Le scandale de l'Irangate éclate après les révélations de Rafsandjani sur les ventes d'armes par les États-Unis à l'Iran pour faciliter la libération des otages américains au Liban.

1988. - 20 août - Entrée en vigueur officielle du cessez-le-feu avec l'Irak.

1989. - 15 février - Une *fatwa** condamne à mort l'écrivain Salman Rushdie.
3 juin - Mort de l'ayatollah Khomeyni. L'ayatollah Ali Khamenei lui succède en août. Ali Akbar Rafsandjani est élu président en juillet.

1993. - Réélection de Rafsandjani à la présidence de la République.

1995. - 4 avril - Émeutes populaires à Islamchahr, dans la banlieue de Téhéran.

1997. - 23 mai - Le réformateur Mohammad Khâtami est élu président de la République islamique grâce au vote massif des femmes et des jeunes qui se sont précipités aux urnes pour faire valoir leur désir de changement.
29 novembre - Qualification de l'Iran pour la Coupe du monde de football 1998. Liesse populaire dans tout le pays. Elle se reproduira en juin 1998 avec la victoire contre l'équipe américaine.

1998. - 7 janvier - Khâtami lance un appel au dialogue avec le peuple américain.
5 avril - Le maire réformateur de Téhéran, Gholamhossein Karbastchi, proche de Khâtami, est arrêté pour « escroquerie et mauvaise gestion ». Il est condamné à cinq ans de prison ferme, peine réduite en appel à deux ans.
10 juin - Suspension du premier journal réformateur créé après l'élection de Khâtami, *Djâméé* (Société).
24 septembre - Le gouvernement iranien assure qu'il ne fera rien pour attenter à la vie de Salman Rushdie. La voie est ouverte à la normalisation des échanges entre Londres et Téhéran.
3 novembre - Dix-neuvième anniversaire de l'occupation de l'ambassade des États-Unis. Pour la première fois, les étudiants décident de ne pas brûler le drapeau américain. La principale association étudiante, le Bureau de renforcement de l'unité (Daftar Tahkim Vahdat*), lance un appel au dialogue et à la tolérance.
22 novembre - Le couple d'opposants politiques Darioush et Parvaneh Forouhar sont assassinés à leur domicile. Quelques jours plus tard, trois écrivains, Madjid Charif, Mohammad Mokhtari et Mohammad Pouyandeh, sont à leur tour assassinés à Téhéran. Le ministère des Renseignements reconnaît l'implication de certains de ses agents dans les meurtres.

1999. - 11 février - L'Iran célèbre les vingt ans de sa révolution islamique. De nombreuses manifestations de soutien à la République islamique sont organisées à travers le pays. Mais les jeunes boudent les rassemblements.
26 février - Premières élections municipales depuis la révolution. Les réformateurs sont majoritairement élus. De nombreuses femmes accèdent à des postes de conseiller municipal.
7 juillet - Fermeture du journal réformateur *Salâm*. Cette mesure intervient le jour même de l'adoption par le Parlement (conservateur) d'un durcissement de la loi sur la presse.
8 juillet - Au cours d'un rassemblement pacifique sur le campus d'Amir Abbad pour protester contre cette décision, des étudiants sont pris à partie par des militants intégristes. Dès le lendemain, des milliers de jeunes descendent dans la rue pour manifester leur mécontentement. Le mouvement s'étend à plusieurs villes de province. Les manifestations durent six jours. Il s'agit du premier grand mouvement de contestation depuis la révolution. Le bilan officiel des émeutes est de trois morts, trois blessés et mille cinq cents arrestations. La presse réformatrice parle d'au

moins cinq victimes, de centaines de blessés et de disparus. À la rentrée universitaire, quatre condamnations à mort sont prononcées à l'encontre d'étudiants accusés d'être des *mohareb* (« combattants contre Dieu »). En avril 2000, les peines sont commuées en quinze ans de détention.
30 octobre - Ouverture du procès d'Abdollah Nouri, ex-ministre de l'Intérieur et ancien directeur du quotidien réformateur *Khordâd*. La justice accuse son journal d'avoir fait de la propagande anti-islamique. Pour manifester leur soutien à ce défenseur des réformes de Khâtami, les étudiants organisent des rassemblements pacifiques.

2000. - 18 février - Élections législatives. Pour la première fois depuis la révolution, les réformateurs emportent la majorité au Parlement iranien, le *Majlis**.
12 mars - Le réformateur Saeed Hadjarian, un des bras droits de Khâtami, directeur du journal *Sohb-é emrouz* (Le Matin), est grièvement blessé par balle à Téhéran.
7-8 avril 2000 - Une dizaine d'intellectuels et de journalistes iraniens participent à une conférence organisée à Berlin qui a pour thème « L'Iran après les élections ». À leur retour, ils sont interpellés par la justice iranienne, qui les accuse d'actions contre la sécurité nationale et de propagande anti-islamique. Les accusés sont tous condamnés à payer de fortes amendes. Certains se retrouvent derrière les barreaux.
13 avril - Ouverture à Chiraz du procès de treize juifs iraniens arrêtés en mars 1999 et accusés d'espionnage au profit d'Israël. Sous la pression de la communauté internationale, la condamnation à mort est finalement exclue, mais les accusés sont condamnés à des peines oscillant entre deux et neuf ans de prison.
17 avril - Avant l'entrée en fonction du nouveau Parlement, les députés conservateurs sortants votent une loi controversée renforçant les sanctions pour délits de presse. Quelques jours plus tard, la justice iranienne décide de suspendre une dizaine de journaux réformateurs. Dans les huit mois qui suivent, plus de trente journaux sont fermés.
21 mai - Triple victoire du cinéma iranien au festival de Cannes : Samira Makhmalbaf remporte le prix du Jury avec *Le Tableau noir* ; Caméra d'or ex-aequo pour Bahman Ghobadi *(Un temps pour l'ivresse des chevaux)* et Hassan Yektapanah *(Djomeh)*.
6 août - Le Guide de la révolution* en personne, Ali Khamenei, bloque une tentative de réforme de la loi sur la presse par le nouveau Parlement réformateur.
26 août - Des affrontements opposent des étudiants réformateurs aux membres des milices islamiques dans la ville de Khoramabad. La tension survient alors que deux intellectuels de la gauche réformatrice, Abdolkarim Soroush et Moshen Kadivar, sont empêchés de quitter l'aéroport pour venir donner une conférence dans la ville.
15 décembre - Démission du ministre réformateur de la Culture, Ataollah Mohadjerani, sous la pression des conservateurs.

Glossaire

Assemblée des experts (Majlis Khébréghan) : cette assemblée, élue tous les huit ans au suffrage universel direct, a pour rôle de désigner le Guide de la révolution* et de le destituer.

Ayatollah : « signe de Dieu ». Distinction donnée aux plus grands chefs religieux, dignes de pratiquer officiellement l'interprétation des textes islamiques.

Bassidjis : les *bassidjis*, littéralement « mobilisés », représentent une force d'intervention populaire rapide. Recrutés dans les milieux traditionnels, ils viennent quadriller les villes en cas de soulèvement social. Ils constituent une force paramilitaire, qui dépend de l'armée des *pasdaran**. Le Basidje est une organisation islamique créée au lendemain de la révolution pour lutter contre les ennemis « extérieurs et intérieurs » de l'islam. Les jeunes *bassidjis* étaient alors animés d'une idéologie de ferveur héroïque, dans laquelle le sacrifice était le but ultime. Ces dernières années, l'organisation est entrée dans une phase de profonde décadence. Les jeunes qui la rejoignent le font soit par tradition familiale, soit pour bénéficier de privilèges. Bien qu'ils continuent d'obéir à leurs supérieurs quand il s'agit de réprimer les contestataires, beaucoup d'entre eux, à titre privé, expriment les mêmes aspirations que l'ensemble de la jeunesse.

Bonyad : « fondation ». Depuis 1979, un certain nombre de *bonyad* sont chargées de gérer les domaines, biens et propriétés nationalisés ou confisqués aux classes dirigeantes de l'ancien régime.

Comité : organisation révolutionnaire chargée de contrôler la vie quotidienne au niveau d'un quartier.

Conseil de discernement de l'intérêt du régime (Madjma-é Tachkhis-é Maslahat-é Nezam) : créé par Khomeyni en 1988, ce conseil a pour rôle d'arbitrer les conflits entre le Conseil des gardiens* et le Parlement.

Conseil des gardiens (Shoray-é Néghaban) : composé de douze membres (six clercs nommés par le Guide* et six juristes proposés par le chef du pouvoir judiciaire puis élus par le Parlement), le Conseil des gardiens a pour rôle de veiller à la conformité des lois avec l'islam, de vérifier leur constitutionnalité et d'habiliter les candidats aux élections.

Daftar Tahkim Vahdat : « Bureau de renforcement de l'unité ». Cette association islamique étudiante créée après la révolution a assoupli son discours depuis le début des années 1990. Aujourd'hui, elle constitue un des principaux soutiens des réformes et dispose d'un bureau dans chaque université.

Fatwa : décret religieux prononcé par un *mojtahed** sur un sujet laissé dans l'indétermination par le droit islamique traditionnel. Peut faire jurisprudence.

Guide de la révolution (Rahbar Enghélab) : personnage le plus haut placé dans la hiérarchie politique de la République islamique. Il contrôle le pouvoir judiciaire, l'armée et la police. Il a le pouvoir de destituer le président.

Hedjab : terme utilisé pour désigner le foulard islamique.

Hezbollah : « parti de Dieu ». En Iran, le terme de *hezbollahi* désigne à la fois des islamistes purs et durs, et des milices plus ou moins légales, comme l'Ansar-é Hezbollah (partisans du parti de Dieu). Les membres du Hezbollah se donnent pour mission de faire la chasse aux valeurs anti-islamiques.

Imam : titre qui, dans le chiisme, est généralement réservé exclusivement aux douze descendants du Prophète. Dans le chiisme, l'imam est tout : dépositaire du pouvoir religieux et politique, guide et chef de la communauté. Il est désigné par Dieu pour poursuivre l'œuvre du Prophète. Dès l'instauration de la République islamique, ce titre a été donné à l'ayatollah* Khomeiny par ses partisans.

Majlis : Parlement iranien. Ses deux cent quatre-vingt-dix députés sont élus tous les quatre ans au suffrage universel.

Mojtahed : dignitaire religieux ayant le savoir et l'expérience nécessaires pour interpréter la loi.

Mollah : théologien situé au plus bas niveau dans la hiérarchie cléricale, ayant fait quelques années d'études coraniques. Par extension, désigne les religieux.

Pasdaran (gardiens de la révolution) : né avec la révolution de 1979, le corps des *pasdaran* est une sorte d'armée d'élite, garde prétorienne de la République islamique. Cette « seconde armée » avait été créée à l'époque pour contrebalancer l'armée régulière, dont les mollahs* craignaient le manque de loyauté envers le régime. Forts de quelque trois cent mille membres, les *pasdaran* forment aujourd'hui une véritable armée, avec des forces terrestres et navales.

Tchador : voile traditionnel des femmes en Iran.

Velayat-é faqih : « tutelle du juriste théologien ». Concept de base de la Constitution de la République islamique. Cette théorie du pouvoir a été mise à jour par l'ayatollah* Khomeyni. Le pouvoir suprême est détenu par un *faqih*, c'est-à-dire un religieux spécialisé dans la loi islamique. Ce dernier a le pouvoir de modifier n'importe quel texte de loi ou décision judiciaire dans le sens qu'il juge conforme à l'intérêt de l'État.

Bibliographie

Ouvrages généraux sur l'Iran

Fariba Adelkhah, *La Révolution sous le voile*, Paris, Karthala, 1991.

Fariba Adelkhah, *Être moderne en Iran*, Paris, Karthala, 1998.

Fariba Adelkhah, Jean-François Bayart et Olivier Roy, *Thermidor en Iran*, Bruxelles, Complexe, 1993.

Jean-Pierre Digard, Bernard Hourcade et Yann Richard, *L'Iran au XXe siècle*, Paris, Fayard, 1996.

Mohammad-Reza Djalili (sous la direction de), *L'Iran en transition. Entre espoir et incertitude*, Paris, La Documentation française, n° 813, décembre 1998.

Chapour Haghighat, *Iran. La Révolution islamique*, Bruxelles, Complexe, 1989.

Bernard Hourcade, H. Mazurek, M. Taleghani et M. Papoli-Yazdi, *Atlas d'Iran*, Montpellier/Paris, La Documentation française, 1998.

Gilles Kepel, *Jihad. Expansion et déclin de l'islamisme*, Paris, Gallimard, 2000.

Hormuz Kéy, *Le Cinéma iranien. L'Image d'une société en bouillonnement*, Paris, Karthala, 1999.

Farhad Khosrokhavar et Olivier Roy, *Iran : comment sortir d'une révolution religieuse ?*, Paris, Le Seuil, 1999.

Farhad Khosrokhavar (sous la direction de), *L'Individu en Turquie et en Iran*, Paris, CEMOTI (Cahiers d'études sur la Méditerranée orientale et le monde turco-iranien), n° 26, 1998.

Farhad Khosrokhavar, *Anthropologie de la révolution iranienne*, Paris, L'Harmattan, 1997.

Azadeh Kian-Thiébaut (sous la direction de), *Spécial Iran*, Les Cahiers de l'Orient, n° 49, 1998.

Azadeh Kian-Thiébaut (sous la direction de), *Iran. Incertain avenir ?*, Les Cahiers de l'Orient, n° 60, 2000.

Jean-Pierre Perrin, *L'Iran sous le voile*, Paris, L'Aube, 1996.

Yann Richard, *L'Islam chiite*, Paris, Fayard, 1991.

Dariush Shayegan, *Qu'est-ce qu'une révolution religieuse ?*, Paris, Les Presses d'aujourd'hui, 1982.

Nouchine Yavari-d'Hellancourt (sous la direction de), *Les Femmes en Iran : pressions sociales et stratégies identitaires*, Paris, L'Harmattan, 1998.

Livres de photographies

Abbas, *Iran. La Révolution confisquée*, Paris, Clétrat, 1980.
Isabelle Eshraghi, *Avoir vingt ans à Téhéran*, Paris, Alternatives, 1999. Textes d'Azadeh Kian-Thiébaut et d'Ebrahim Nabavi.
Seifollah Samadian, *Métaphores iraniennes*, Paris, FNAC, 2001.
Tassvir, *La Photographie iranienne contemporaine*, Paris Musées/AFAA/Mairie de Paris, 2001.

Littérature iranienne

Chahrâchoub Amirchâhi et Alain Lance, *Iran : poésie et autres rubriques*, Paris, François Maspero, 1980.
Christophe Balaÿ, *La Genèse du roman persan moderne*, Institut français de recherche en Iran, Diffusion Peeters, Belgique, 1998.
Ferdowsi, *Le Livre des rois*, traduit par Jules Mohl, Paris, Sindbad, 1996.
Houchang Golchiri, *Chronique de la victoire des mages*, traduit par Christophe Balaÿ, Paris, L'Inventaire, 1997.
Houchang Golchiri, *Le Prince Ehtejâb*, traduit par Hossein Esmaïli et Jacques Selva, Paris, L'Harmattan, 1990.
Sadegh Hedayat, *La Chouette aveugle*, traduit par Roger Lescot, José Corti, 1953.
Marjane Satrapi, *Persepolis*, bande dessinée, Paris, L'Association, 2000.
Derrière ma fenêtre, il y a un corbeau. Sept écrivains iraniens d'aujourd'hui, Paris, L'Inventaire, 2000.
Nouvelles d'Iran : les jardins de la solitude, Paris, Les Mille et Une Nuits, 2000.

Informations complémentaires

Sites internet :
www.ankaboot.com (très bon annuaire des sites iraniens en propose plus de cinq cents)
www.iranmania.com (actualités politiques, culturelles et sportives)
www.iranian.com (informations diverses sur l'Iran)
www.irandaily.com (série d'informations complètes sur l'Iran)
www.gooya.com (masse de données sur l'Iran d'aujourd'hui)
www.iranshahr.com (base de données sur l'Iran)
www.payvand.com (informations diverses sur l'Iran)
www.iran-daneshdjoo.org (informations essentiellement orientées sur l'actualité étudiante)
www.badjens.com (site très complet sur les femmes en Iran)
Librairie iranienne :
Lettres persanes
76, avenue de la République
75011 Paris
Téléphone : 01 43 57 43 64
Internet :
lettrespersanes.lalibrairie.com

Biographie des auteurs

Abbas

D'origine iranienne, Abbas a couvert la révolution de 1979 avant de quitter le pays. Son livre de photographies, *Iran. La révolution confisquée*, paru aux éditions Clétrat, présente les moments forts de la chute du chah et de la mise en place de la République islamique. Aujourd'hui photographe à l'agence Magnum, Abbas est retourné pour la première fois en Iran en 1997 pour y faire une série de reportages photo sur les nouveaux acteurs de la société iranienne. Au fil de ses nombreux reportages à travers le monde, Abbas a également beaucoup travaillé sur les religions, notamment l'islam et le christianisme.

Fariba Adelkhah

Fariba Adelkhah est chargée de recherches à la Fondation nationale des sciences politiques (Centre d'études et de recherches internationales). Sa thèse, *La Révolution sous le voile*, recherche sur la mobilisation des femmes au cours de la période révolutionnaire, a été publiée en 1991 aux éditions Karthala. Ses récents travaux ont également donné naissance à deux autres ouvrages : *Thermidor en Iran* (en collaboration avec Jean-François Bayart et Olivier Roy), publié aux éditions Complexe en 1993, et *Être moderne en Iran*, publié aux éditions Karthala en 1998.

Davoud Dekhan

Après avoir suivi des études de français à Téhéran, Davoud Dekhan se consacre essentiellement à la traduction littéraire. Il a notamment traduit certains livres de Jules Verne et d'Amin Maalouf en persan. Il travaille également comme traducteur pour la presse iranienne et exerce la fonction d'interprète pour les journalistes français de passage en Iran.

Abolfazl Ebrahimi

Né en Iran avec la révolution, Abolfazl Ebrahimi est étudiant en sciences sociales à Téhéran. Il se destine à une carrière journalistique. Pour gagner sa vie, il est vendeur de journaux.

Isabelle Eshraghi

Née à Ispahan, Isabelle Eshraghi a grandi en France. De mère française et de père iranien, elle a parcouru le monde, de New York à Dakar et de Varsovie à Hô Chi Minh-Ville, où se sont révélés ses talents photographiques. En 1996, elle redécouvre l'Iran, qu'elle avait quitté à l'âge de trois ans. Depuis son premier travail sur les femmes d'Ispahan, elle retourne régulièrement dans son pays natal pour y effectuer des reportages photo pour la presse écrite française (*Libération, Le Monde, Télérama, Marie-Claire, De l'air,* etc.). Son premier livre de photos, *Avoir vingt ans à Téhéran,* est paru en 1999 aux éditions Alternatives. Depuis, Isabelle Eshraghi a rejoint l'agence de photo Vu.

Eshan Javid

Jeune écrivain iranien, Eshan Javid travaille également comme traducteur anglais-persan. Né en Iran il y a vingt ans, il écrit ses nouvelles un peu comme il raconte l'histoire de sa vie de jeune Iranien. Ses récits font régulièrement référence à la révolution et à la guerre, deux événements qui ont indirectement influencé la nouvelle génération.

Média Kachigar

Né à Yazd en 1956, Média Kachigar a suivi ses parents à Strasbourg, où il a appris la langue française. De retour en Iran, il signe son premier livre et se lance dans le cinéma et le théâtre avant de rejoindre l'équipe du journal *Ayandegan.* Après la suspension du quotidien au moment de la révolution, il se consacre à la traduction et à l'écriture de poèmes et de nouvelles. Il a notamment traduit en persan Maïakovski, Arrabal et Derrida.

Farhad Khosrokhavar

Installé en France depuis une dizaine d'années, Farhad Khosrokhavar est directeur d'études à l'École des hautes études en sciences sociales, où il dispense un cours sur l'Iran contemporain et un cours sur l'islam des jeunes en France. Il est également chercheur au CADIS (Centre d'analyse et d'intervention sociologique). Il a publié notamment *L'Utopie sacrifiée. Sociologie de la révolution iranienne* (Presses de la Fondation nationale des sciences politiques, 1993), *L'Islamisme et la Mort. Le Martyre révolutionnaire en Iran* (L'Harmattan, 1995) et *Iran : comment sortir d'une révolution religieuse ?* (Le Seuil, 1999, avec Olivier Roy).

Serge Michel

Journaliste suisse installé à Téhéran depuis la fin de l'année 1998, Serge Michel travaille comme correspondant pour le quotidien genevois *Le Temps* et les journaux français *Le Figaro* et *Le Point.* Voyageur dans l'âme, il a réalisé de 1992 à 1993, avec le photographe Yves Leresche, un reportage en voiture le long des rivages européens, d'Odessa à Saint-Pétersbourg. Cette traversée de l'Europe a donné naissance à un livre, *L'Europe par ses côtes*, publié aux éditions Syros en 1995.

Delphine Minoui

De mère française et de père iranien, Delphine Minoui est née en 1974 à Paris où elle a suivi des études en journalisme et en sociologie. Ses recherches la mènent en Iran, pays qu'elle redécouvre il y a cinq ans. Depuis trois ans, elle partage son temps entre Paris et Téhéran, où elle travaille comme correspondante pour France Info, France Inter et France Culture. Elle collabore régulièrement, en tant que spécialiste de l'Iran, à des supports de presse écrite (*De l'air*, *Beaux-Arts*, *Futur(e)s*, *DS*, *Télérama*, etc.). Elle a également réalisé deux documentaires sur la jeunesse et le théâtre iraniens.

Morteza Monadi

Né en Iran, Morteza Monadi a suivi ses études supérieures en France, où il a soutenu son doctorat en sciences de l'éducation à l'université de Paris-VIII - Saint-Denis. Il est aujourd'hui maître de conférences à l'université Azzahra de Téhéran. Il y enseigne la sociologie de l'éducation. Depuis cinq ans, il mène en parallèle une recherche sur la jeunesse iranienne.

Saeed Paivandi

Maître de conférences à l'université de Paris-VIII - Saint-Denis en sciences de l'éducation, né en Iran, Saeed Paivandi y a commencé ses études universitaires en sociologie en 1974. Après la révolution culturelle et la fermeture des universités (1980-1983), il a poursuivi ses études en France. Son travail universitaire est essentiellement centré sur les problématiques de l'enseignement supérieur en France dans une perspective comparative. Il vient de publier avec Mehdi Farzad un ouvrage intitulé *Reconnaissance et validation des acquis en formation* (Anthropos, 2000). Il suit également l'évolution du système éducatif iranien après l'avènement de la République islamique et a publié plusieurs articles sur l'expérience iranienne dans le domaine de l'éducation et de l'islamisation de l'école dans plusieurs langues.

Nadia Pizzuti

D'origine franco-italienne, Nadia Pizzuti est journaliste à l'agence de presse italienne ANSA. Correspondante à Téhéran de 1997 à 2000, elle a suivi de près les évolutions politiques et sociales de l'Iran après l'élection de Khâtami. Elle a notamment couvert en juillet 1999 les premières émeutes étudiantes depuis la révolution. Diplômée en sciences politiques et en cinéma, elle réalise également des documentaires.

Éditions Autrement

Abonnements au 1er janvier 2001 : la collection « Monde », complémentaire des collections « Mutations », « Morales » et « Mémoires », est vendue à l'unité (120 F/18,29 € par ouvrage) ou par abonnement (France : 630 F/96,04 € ; étranger : 730 F/111,29 €) de 7 titres par an. L'abonnement peut être souscrit auprès de votre libraire ou directement à Autrement, Service abonnements, 17, rue du Louvre, 75001 Paris. Établir votre paiement (chèque bancaire ou postal, mandat-lettre) à l'ordre de NEXSO (CCP Paris 1-198-50-C). Le montant de l'abonnement doit être joint à la commande. Veuillez prévoir un délai d'un mois pour l'installation de votre abonnement, plus le délai d'acheminement normal. Pour tout changement d'adresse, veuillez nous prévenir avant le 15 du mois et nous joindre votre dernière étiquette d'envoi. Un nouvel abonnement débute avec le numéro du mois en cours. Vente en librairie exclusivement. Diffusion : Éditions du Seuil.

Achevé d'imprimer en avril 2001 chez Corlet Imp. S.A., 14110 Condé-sur-Noireau. N° 52379. Dépôt légal : 2e trimestre 2001. ISBN : 2-7467-0103-0. ISSN : 0336-5816. *Imprimé en France.*